話してみよう
韓国語

中級会話コース

金京子 著

この教科書の 🎧 で示された箇所の音源は白水社ホームページ
(https://www.hakusuisha.co.jp/book/ISBN9784560069905.html)から
ダウンロードすることができます（お問い合わせ先：text@hakusuisha.co.jp）。

音声ナレーション
李玟庭、朴天弘

イラスト
ツダタバサ

表紙・本文デザイン
株式会社アイビーンズ

はじめに

　『話してみよう韓国語―中級会話コース』は、『読んでみよう韓国語―中級読解コース』の姉妹編で、大学や市民講座などでもっと会話力を付けたい、コミュニケーション能力を伸ばしたいという学習者の要望に応えるために執筆したものです。初級（ハングル能力検定5級レベル）を終えた2年生以上の韓国語中級クラスで無理なく取り組むことができるように、文法や語彙などの難易度を調整して執筆しました。約900個の単語をもとに、ハングル能力検定4級・3級の文法を取り入れ、学習した文法や語彙を繰り返して提示することによって中級へとステップアップできるのが、このテキストの特長です。

　本書は、大学などでの週1回の授業で前期・後期の1年間でマスターすることができます。第1課から第14課まで課ごとに2つの「会話文」があり、自己紹介や友人の紹介、道案内、趣味、夢、アルバイト、買い物、旅行、ひとり暮らし、病院、食事、大学祭、外国語学習、天気など学習者にとって身近な内容で構成されています。会話の学習法としてお勧めしたいのは「音読」です。音読の際には声に出して読みながら日本語の意味を同時に思い浮かべるというイメージで練習します。慣れてきたら聞き取り力もアップし発音もよくなるでしょう。韓国語を日本語に訳して終わりにするのではなく、ぜひ主人公の藤井麻衣と那須健太になりきり、場面ごとのフレーズを自分のストーリーに置き換えて、どんどん使ってみてください。最後まで学習すれば簡単な日常生活はもちろんのこと、ドラマなどで使われる生の韓国語が十分楽しめることでしょう。

　本書は、大学などで「韓国語 中級会話」の授業で使っていた教材を修正し、改良を加えたものです。見落としがちな点をチェックしてくださったキム・ユンギョンさん、オ・ヨンミンさん、カン・スビンさん、有信優子さんに、この場を借りて感謝申し上げます。

　このテキストが、中級クラスのみなさんの学習に役に立つことを願ってやみません。

著者

目次

広がる表現力！

もっと知りたい！

付録

学習者のみなさんへ

● **まず音声をダウンロードしましょう。**

🎧 のマークのついた箇所の音声は以下のサイトから

ダウンロードして聞くことができます。

https://www.hakusuisha.co.jp/book/ISBN9784560069905.html

● **単語力のアップに心がけましょう。**

授業の前に単語と表現を覚えておくことをお勧めします。単語力のアップは聞き取り力や会話力の
アップにつながります。

● **会話文は音声を聞きながら声に出して発音してみましょう。**

音声と同じスピードですらすら発音できるようになったら OK です。

● **気に入った表現や使ってみたいフレーズを丸ごと覚えましょう。**

主人公のまいと賢太に成りきって，学んだ表現をどんどん使ってみましょう。

本書の構成と使い方

❖ 本書は，ハングル能力検定試験4級・3級の表現や単語をベースに14課で構成されています。

❖ 各課は6ページで構成されています。

　1・3ページ：タイトル，学習目標，会話文，単語と表現，広がる表現力

　2・4ページ：聞き取り力 check!，表現の入れ替え練習，新しい表現の解説

　5・6ページ：練習コーナー

❖ 単語と表現の見方は次の通りです。

　___（下線）　日本語と同じ漢字語　　　例 전공　専攻，専門 (p.10)

　〔 〕　　　　日本語と異なる漢字語　　　例 동갑〔同甲〕同い年 (p.16)

　[ ]　　　　　発音を示す（連音化は除く）　例 능력 [-녁]　能力 (p.10)

　(하)　　　　하다動詞を示す　　　　　　例 소개 (하)　紹介 (p.12)

　〈 〉　　　　変則用言を示す　　　　　　例 기쁘다〈으〉嬉しい (p.10)

❖ 相づち言葉や会話での助詞の省略，連体形や変則用言など，学習に役立つ「もっと知り
たい！」というコーナーを設けてあります。

❖ 付録には文法索引と本書に出るすべての単語（約900個）の単語集（韓国語→日本語）を収
録しています（ハングル検定5級レベルは除く）。

話してみよう　韓国語　中級会話コース

□ 그럼요	もちろんです
□ 그러죠	そうしましょう
□ 그렇군요	そうなんですね
□ 그렇죠?/그렇지요?	そうですよね, そうでしょ?
□ 그렇죠/그렇지요	そうですよ
□ 그랬군요	そうだったんですね
□ 글쎄요	さあ…
□ 됐어요	結構です
□ 맞다	あ, そうだ
□ 맞아요	そうです, その通りです
□ 뭘요	いえいえ
□ 무슨 말씀을요	とんでもないです
□ 별말씀을요	とんでもないです
□ 아이고/아이구	ああ, ああっ
□ 어	うん
□ 어?	あっ, おっ, あれ
□ 오	ああ, おお
□ 와	わあ, わあっ
□ 잠시만요/잠깐만요	お待ちください
□ 저/저기	あのう
□ 정말?/진짜?	本当?
□ 참	あ, そうだ (話題転換)

登場人物

후지이 마이
藤井麻衣
（ふじい まい）

韓国語が大好きな日本人女性。大学2年のまいは，本格的に韓国語を勉強するために交換留学生として韓国にやってきました。明るくてお茶目な性格です。

나스 겐타
那須賢太
（なす けんた）

建築学を勉強している日本人男性。2年生を終えて韓国にやって来た賢太は，会話に苦戦しながらも楽しい留学生活を送っています。

강 수빈
（カン・スビン）

日本語の勉強をはじめたばかりの韓国人女性。高校生の時日本へ旅行に行った際，偶然まいと知り合いました。「何事も楽しくポジティブに！」をモットーにしています。

강 정우
（カン・チョンウ）

兵役を終えて大学に戻ってきたスビンの兄。日本語の文学作品を韓国語で翻訳してみたいという夢を持っています。日本人留学生の相談役として頼れる存在です。

背景

大学2年生になったまいは，本格的に韓国語を勉強するために交換留学生として韓国にやってきました。日本で偶然知り合った수빈と再会し，수빈が兄の정우をまいに紹介して仲良くなります。一方，大学3年生の賢太は韓国に興味を持ち1年間留学生活を送ることになります。

一緒に勉強することになって嬉しいです。

学習目標：自己紹介ができる。「～(する) ことになる」「～ので/して」「～しようと思う」「～けれど」
「～んですよ」「～しようと思って」の表現を使ってみる。

1 1 まいは教室で自己紹介をしました。

❶ 안녕하세요? 전 후지이 마이라고 해요.

❷ 여러분하고 같이 공부하게 돼서 기쁩니다.

❸ 전공은 국제문화이고, 나이는 스무 살이에요.

❹ 한국어는 대학에서 1년간 공부했어요.

❺ 한국어 공부는 여러 가지 발견이 있어서 재미있어요.

❻ 전 고등학생 때부터 케이팝을 좋아해서 유튜브를 많이 봤어요.

❼ 요즘에는 거의 매일 한국 드라마를 보고 있어요.

❽ 열심히 공부해서 자막 없이 한국 드라마를 보고 싶어요

❾ 올해 한국어능력시험도 보려고 합니다.

❿ 잘 부탁드립니다.

単語と表現

□ -(이)라고 하다　～と言う

□ 여러분　みなさん, 皆様

□ 기쁘다〈으〉 嬉しい

□ 전공　専攻, 専門

□ 국제문화　国際文化

□ 나이　歳, 年齢

□ -년간　～年間

□ 여러 가지　いろいろ ▶-가지

□ 발견(하)　発見

□ 때　時, 時間, 時期

□ 유튜브　YouTube, ユーチューブ

□ 요즘(=요새)　最近, 近頃

□ 거의[-이]　ほとんど

□ -고 있다　～している (進行)

□ 열심히[열씨미]　熱心に, 一生懸命

□ 자막 없이[업씨]　字幕なしに

□ 능력[-녁]　能力

□ 시험을 보다　試験を受ける

聞き取り力 *check!*

1) 마이는 몇 살이에요?

2) 마이는 한국어를 얼마나 공부했어요?

3) 마이는 요즘에 뭘 보고 있어요?

4) 한국어능력시험은 언제 보려고 해요?

言ってみよう **表現を入れ替えて言ってみましょう。**

1 같이 공부하**게 돼서** 기쁩니다.
여기서 뵙다
함께 일하다
시험에 붙다

☞ 動詞＋게 되다は「～(する) ことになる」「～(する) ようになる」という状況や気持ちの変化を表す慣用表現です。形容詞・存在詞＋게は「～く」「～に」に当たる語尾です。
例 바쁘게 지내요.

2 여러 가지 발견이 있**어서** 재미있어요.
집에 강아지가 오다
게임을 많이 하다
고양이하고 놀다

☞ -아/어서は、「～ので」「～して」「～くて」という理由や前提動作を表す接続語尾です。하다用言は -해서となります。指定詞には -어서のほか，-라서の形もよく使われます(⇒ 33 頁)。
例 시험이어서/시험이라서 바쁩니다.

3 한국어능력시험을 보**려고 합니다**.
개를 한 마리 기르다
매년 여행을 가다
매달 소설을 읽다

☞ -(으)려고 하다で「～しようと思う」。-(으)려고は意図を表す接続語尾。하다の代わりに생각하다が使われることもあります。
例 영화를 보려고 해요/생각해요.

11

❶ 처음 뵙겠습니다. 제 소개를 하겠습니다.

❷ 전 나스 겐타라고 합니다. 오사카 출신이에요.

❸ 형제는 없지만 친구가 많이 있어요.

❹ 대학 2학년을 마치고 이달 초에 한국에 왔어요.

❺ 서울의 거리는 사람들이 많고 활기가 있어서 놀랐어요.

❻ 전 전공이 건축학이라서 건물이나 거리에 관심이 많거든요.

❼ 케이팝도 좋아해요. 노래보다는 춤을 더 좋아해요.

❽ 그래서 사실 전공보다 댄스를 배우려고 왔어요.

❾ 제 영상도 찍어서 유튜브에 올리고 있어요.

❿ 한국말은 잘 못하지만 잘 부탁드리겠습니다.

単語と表現

□ 소개(하)　紹介
□ 출신[-씬]　出身
□ 형제　兄弟
□ -학년[항-]　学年, ～年生
□ 마치다　終える, 終わる
□ 이달 초〔初〕　今月初め
□ 거리①　街, 通り
□ 활기　活気
□ 놀라다　驚く

□ 건축학[-추칵]　建築学
□ 건물　建物
□ -(이)나 (助詞)　～や, ～でも, ～も
□ 관심　関心
□ 춤　踊り　▶댄스 ダンス
□ 그래서　それで, だから
□ 사실　事実, 実は(실은)
□ 영상을 찍다　映像を撮る
□ 올리다　上げる, アップする,（式を）挙げる

広がる表現力！　-(이)나

-(이)나は、「～や」「～でも」にあたる助詞です。助数詞（単位名詞）につくと「～も」の意味になります。

① 「～や」　　드라마나 유튜브를 봐요.
② 「～でも」　영화나 볼까요?
③ 「～も」　　스무 명이나 왔어요.

聞き取り力 check!

1) 겐타는 어디 출신이에요?

2) 겐타는 몇 학년을 마치고 한국에 왔어요?

3) 겐타는 어떤 것에 관심이 있어요?

4) 겐타는 뭘 좋아해요?

言ってみよう 表現を入れ替えて言ってみましょう。

4 형제는 없**지만** 친구가 많이 있어요.
　　키는 작다
　　형은 없다
유학생이다

☞ -지만은, 「〜けれど」「〜が」という逆接を表す接続語尾です。

5 건물이나 거리에 관심이 많**거든요**.
　　　배구나 농구도 잘하다
　　　노래나 춤을 좋아하다
　　　건축을 공부하고 있다

☞ -거든요는, 「〜んですよ」「〜んですから」という根拠や状況などの説明に用いる表現です。相手が知らない情報を伝える時に用います。発音はㄴの挿入により, [거든뇨] となります(⇒93頁)。

6 　댄스를 배우**려고** 왔어요.
　　영상을 찍다
　　시험을 보다
사실을 말하다

☞ -(으)려고の後に하다以外の動詞が来る場合は「〜しようと思って」と訳します。

1-1 −아/어서 −았/었어요用いて，「〜ので/くて〜しました/かったです」と言ってみましょう。

> ① 수업이 없다 / 학교에 안 가다   ② 시간이 없다 / 숙제를 겨우 하다
> ③ 시험이 있다 / 단어를 외우다   ④ 갈비가 맛있다 / 많이 먹다
> ⑤ 관심이 있다 / 유튜브를 보다   ⑥ 역에서 멀다 / 불편하다
> ⑦ 책이 재미없다 / 안 읽다   ⑧ 시내버스를 타고 가다 / 편하다

例 수업이 없**어서** 학교에 안 **갔어요**.

1-2 次の文にふさわしいものを選んでみましょう。

① 아침에 (① 일어나서   ② 일어나고) 우선 메일을 확인해요.

② 그 다음 날 영상을 (① 찍어서   ② 찍고) 유튜브에 올렸어요.

③ 대학 2학년을 (① 마쳐서   ② 마치고) 유학을 가려고 해요.

④ 한국어는 대학에 (① 들어와서   ② 들어오고) 공부하기 시작했어요.

▷ −기 시작하다 〜し始める

1-3 −(으)려고 해요를 用いて，これからやろうとしていることを言ってみましょう。

> ① 내년에 유학을 가다   ② 아르바이트를 하다   ③ 전공을 바꾸다
> ④ 고향에 돌아가다   ⑤ 유튜브 영상을 찍다   ⑥ 중학생을 지도하다
> ⑦ 대학원에 가다   ⑧ 저녁에 갈비를 먹다   ⑨ 여기서 살다
> ⑩ 학교까지 걸어가다   ⑪ 극장에서 일하다   ⑫ 自由に

例 내년에 유학을 가**려고 해요**.

1-4 **1-3** の語句を用いて，Aの「何かありましたか」の質問に，−게 됐어요 (〜することになりました) で答えてみましょう。

例 A : 무슨 일이 있어요?

B : 〈내년에 유학을 가게 **됐어요**〉.

1-5 −지만 −거든요を用いて，「～だけど～んです」と言ってみましょう。

> ① 노래는 좋아하다 / 잘 못하다　　② 휴일이다 / 수업이 있다
>
> ③ 한국어는 어렵다 / 재미있다　　④ 고양이는 있다 / 강아지는 없다
>
> ⑤ 연세는 많다 / 대학생이다　　⑥ 동생은 키가 크다 / 전 키가 작다
>
> ⑦ 나이는 어리다 / 인생 선배이다　　⑧ 그런 사람이다 / 친구는 많다

例 노래는 좋아하지만 잘 못하거든요.

1-6 家族や知り合いの年齢を，韓国語で言ってみましょう。
また，音声を聞いて，⑤⑥の（　　）に年齢を書き入れてみましょう。　 06

	固有数字＋살	漢数字＋세
① 할아버지 : 73歳	일흔세 살	칠십삼 세
② 엄마　　: 42歳	마흔두 살	사십이 세
③　　　　:		
④　　　　:		

例 A : 연세가 어떻게 되세요?

　　B : 〈 할아버지 〉는/은 〈 일흔세 〉 살이세요. / 〈 칠십삼 〉 세세요.

❖固有数詞❖（固有数詞は99までです）

10	20	30	40	50	60	70	80	90
열	스물 스무*	서른	마흔	쉰	예순	일흔	여든	아흔

*助数詞 (単位名詞) がつくと，스무になります。　例 스무 살 (20歳), 스무 날 (20日)

⑤ 할머니는 (　　　　) 살이세요.

마이

⑥ 우리 아빠는 (　　　　) 살이세요.

정우

1-7 自己紹介にチャレンジしてみましょう。(10 行ほど)

(名前，出身，学年，専門，高校の部活，韓国語の学習期間，好きなことなど)

15

第 2 課

ぼくが先輩じゃないですか。

学習目標：知り合いを紹介する。「～しましょうか」「～しますよ」「～じゃないですか」「動詞・存在詞の現在連体形」「動詞の過去連体形」「～したことがある/ない」の表現を使ってみる。

 2 1 知り合い수빈が， まいに兄さんを紹介しました。

마이 ❶ 수빈 씨, 오랜만이에요. 보고 싶었어요.

수빈 ❷ 저도요. 잘 지내죠?

❸ 여긴 우리 오빠예요. 오빠는 일본 만화를 좋아해요.

마이 ❹ 아, 안녕하세요? 후지이 마이입니다.

정우 ❺ 반가워요. 강정우입니다.

❻ 군대에 갔다 왔고, 지금 3학년이에요. 마이 씬 2학년?

마이 ❼ 네, 맞아요. 수빈 씨랑 동갑이에요. 저 카페에 들어갈까요?

수빈 ❽ 그러죠. 우리 오빠는 일본인 유학생들의 멘토예요.

정우 ❾ 이래 봐도 제가 인기가 많습니다. 음료수는 제가 살게요.

❿ 제가 선배잖아요. 그쪽으로 앉죠.

単語と表現

□ 오랜만(=오래간만)　久しぶり	□ 들어가다　入る，（家に）帰る
□ 지내다　過ごす, 暮らす	□ 그러다　そうする, そう言う
□ 만화　漫画	□ 유학생[--쌩]　留学生
□ 군대　軍隊	□ 멘토(mentor)　メンター, 相談役
□ 갔다 오다　行ってくる	□ 이래 봐도　こう見えても
□ 맞다　合う, 正しい	□ 인기[-끼]　人気
□ -(이)랑　～と（会話的）	□ 음료수[-뇨-]　飲料水, 飲み物
□ 동갑〔同甲〕同い年	□ 선배（⇔후배）先輩（⇔後輩）
□ 카페　カフェ	□ 그쪽　そっち, そちら側

16

聞き取り力 *check!*

1) 수빈이 오빠는 뭘 좋아해요?

2) 정우는 군대에 갔다 왔어요?

3) 마이와 수빈이는 같은 나이예요?

4) 카페에서 음료수는 누가 사요?

言ってみよう 　表現を入れ替えて言ってみましょう。

1 저 카페에 들어**갈까요?**
　　앞쪽으로 앉다
　　커피를 마시다
　　이건 무엇이다

☞ -ㄹ/을까요? は「〜しましょうか」「〜でしょうか」という問い合わせや推量を表す表現です。ㄹ語幹はㄹ
　 が落ちて-ㄹ까요? が付きます。　　例 제가 만들까요?

2 음료수는 제가 **살게요.**
　　약속은 지키다
　　　용돈을 벌다
　　　돈을 모으다

☞ 제가 살게요で「私がおごりますから」。-ㄹ/을게요 (〜しますよ，〜しますから) は，話し手の意志や約束
　 を表す場合に用います。発音は [ㄹ/을께요] です (⇒93頁)。ㄹ語幹はㄹが落ちて-ㄹ게요が付きます。
　　例 제가 만들게요.

3 제가 선배(이)**잖아요.**
　형이 교원이다
　인기 스타이다
　　후배가 맞다

☞ -잖아요で「〜じゃないですか」「〜でしょ?」。話し手がそのように思っていることや聞き手が知っている
　 ことを前提に用います。母音終わりの名詞の後では이が省略されます。

마이 ❶ 수빈 씨, 인사하세요. 이쪽은 겐타 씨예요.

수빈 ❷ 처음 뵙겠습니다. 강수빈이라고 해요.

겐타 ❸ 반갑습니다. 말씀 많이 들었어요.

마이 ❹ 겐타 씨는 춤도 잘 추고 노래도 잘 부르는 사람이에요.

수빈 ❺ 와, 정말? 전 노래방에서 노래 부르는 걸 좋아해요.

겐타 ❻ 유튜브에 제 영상이 있어요. 제가 직접 찍은 거예요.

　　 ❼ 나중에 한번 봐 주세요.

수빈 ❽ 지금 검색해 볼게요. （映像を見て）와, 멋지다.

　　 ❾ 한국 생활은 처음이세요?

겐타 ❿ 네. 고등학생 때 혼자서 일주일간 여행을 한 적은 있어요.

単語と表現　　　　　　　　　　　　　　　　　　　🦋 10

□ 인사(하)　あいさつ

□ 이쪽　こっち, こちら側

□ 말씀　お言葉 (말の敬語)

□ 듣다〈ㄷ〉　聞く, 聴く

□ 추다　踊る　▶춤을 추다

□ 부르다〈르〉　歌う, 呼ぶ

□ 노래방　カラオケ (ルーム)

□ 직접[-쩝]　直接, 自分で

□ 나중에　後で

□ 한번 　(試しに) 一度, 一回

□ -아/어 주세요　〜してください

□ 검색(하)　検索

□ -아/어 보다　〜してみる

□ 멋지다[멋찌-]　素敵だ

□ 생활(하)　生活

□ 처음　初めて, 最初

□ 혼자서　1人で　▶-(이)서 〜 (名)で

□ 일주일[-쭈-]　1週間

広がる表現力！　　-죠

Q：16頁の⑧그러죠, ⑩그쪽으로 앉죠の -죠は, 「〜しましょう」の意味ですか?

A：はい, -죠(지요)は確認や同意などを表す表現ですが, 文脈によっては勧誘や柔らかい命令表現として
　　もよく使われます。敬語の -(으)시죠も合わせて覚えておきましょう(⇒89頁)。

　　例　잘 지내죠?　　お元気ですよね　　　네, 그렇죠.　はい, そうですよ

　　　　이쪽으로 앉죠.　こちらに座りましょう　　그러죠.　　そうしましょう

聞き取り力 check!

1) 겐타는 뭘 잘해요?

2) 수빈이는 뭘 좋아해요?

3) 겐타의 유튜브는 누가 찍은 거예요?

4) 겐타는 한국이 처음이에요?

言ってみよう 表現を入れ替えて言ってみましょう。

1 노래도 잘 부르**는** 사람이에요.
　정말 재미있다
　피아노를 치다
　테니스를 치다

☞ -는は, 動詞·存在詞の現在連体形。形容詞·指定詞の現在連体形については⇒22頁。재미있다(面白い),
　맛없다 (おいしくない) など있다や없다が付いている単語は「存在詞」として分類されます。ㄹ語幹動詞
　はㄹが落ちて-는が付きます。　例 만드는 사람

2 　제가 직접 찍**은** 거예요.
　그건 그제 사다
　저도 어제 듣다
　　꿈을 꾸다

☞ -ㄴ/은は動詞の過去連体形。-ㄴ/은 거예요で「～したものです」「～したのです」。存在詞·形容詞·指定
　詞の過去連体形については⇒22頁。ㄹ語幹動詞はㄹが落ちて-ㄴが付きます。　例 만든 거예요.

3 일주일간 여행을 한 **적은 있어요**.
　　콘서트에 가다
　　영상을 만들다
　　치킨를 먹다

☞ 過去連体形 (ㄴ/은)＋적이 있다/없다で「～したことがある / ない」。ㄹ語幹動詞はㄹが落ちて-ㄴ 적이 있
　다/없다が付きます。　例 만든 적이 없어요.

2-1 −ㄹ/을까요? と −ㄹ/을게요を用いて，Ａ:「〜しましょうか」，Ｂ:「私が〜しますから」という会話の
練習をしましょう。(ㄹ語幹はㄹが落ちて −ㄹ까요?/−ㄹ게요がつく)

① 창문을 닫다	② 수건으로 닦다	③ 사진을 찍다
④ 창문을 열다	⑤ 도장을 가져가다	⑥ 점심을 시키다
⑦ 에어컨을 켜다	⑧ 거울을 가져오다	⑨ 유튜브 영상을 만들다
⑩ 에어컨을 끄다	⑪ 선생님께 말씀드리다	⑫ 自由に

例 A : 창문은 닫을까요?

B : 제가 창문을 닫을게요.

2-2 −잖아요를用いて対話文を完成させ，発音してみましょう。

例 A : 제가 시험에 붙을까요?

B : 걱정 말아요. 열심히 (했다 → 했잖아요).

① A : 사장님께서 저를 믿어 주실까요?

B : 그럼요. 사실이 (아니다 → ㅤㅤㅤㅤㅤ).

② A : 부장님도 이 일을 아실까요?

B : 그럼요. 어저께도 그저께도 (말씀하셨다 → ㅤㅤㅤㅤ).

③ A : 그 여성이 이 선물을 좋아할까요?

B : 그럼요. 요즘 (유행이다 → ㅤㅤㅤㅤ).

④ A : 그 남성은 왜 인기가 많을까요?

B : 그러니까 노래를 (잘하다 → ㅤㅤㅤㅤ).

2-3 Aの「あの方は誰ですか」の質問に，「私の友人です。〜(を)する人です」で答えてみましょう。
(ㄹ語幹はㄹが落ちて −는がつく)

① 학원에서 강의하다	② 그림을 그리다	③ 농구를 하다
④ 직장에 다니다	⑤ 소설을 쓰다	⑥ 마음이 통하다
⑦ 케이크를 만들다	⑧ 공항에서 일하다	⑨ 지방에 살다
⑩ 도시 건축을 공부하다	⑪ 피아노를 치다	⑫ 自由に

例 A : 저분은 누구예요?

B : 제 친구예요. 〈학원에서 강의하는〉 사람이에요.

2-4 −ㄴ/은 적이 있어요? と ㄴ/은 적은 없어요を用いて、 A：「〜したことがありますか」， B：「〜したことはありません」という会話の練習をしましょう。
(ㄹ語幹はㄹが落ちて −ㄴ 적이 있다/없다がつく)

> ① 영국에 가다　　　② 지갑을 잃어버리다　　③ 미국에서 살다
>
> ④ 치킨을 먹다　　　⑤ 고양이를 기르다　　　⑥ 한국어로 발표하다
>
> ⑦ 계단에서 떨어지다　⑧ 약속을 안 지키다　　⑨ 친구하고 싸우다
>
> ⑩ 중급 회화를 공부하다　⑪ 혼자서 여행하다　　⑫ 自由に

例　A : 영국에 간 적이 있어요?
　　 B : 아뇨. 영국에 간 적은 없어요.

2-5 수빈의 자기소개를 聞いて、 内容に合うものを選んでみましょう。

① 수빈이의 가족은 (세 명 / 네 명)이에요.

② 마이하고는 고등학교 (2학년 / 3학년) 때부터 아는 사이예요.

③ 대학에서 (한국어 / 일본어) 교육을 공부하고 있어요.

④ 지금부터 공부해서 (올해 / 내년에) 일본어능력시험을 보려고 해요.

2-6 次の質問に答えてみましょう。 また韓国語でインタビューしてみましょう。

① 이름이 뭐예요? / 성함이 어떻게 되세요?

② 몇 월생이에요?　　　　　　　　　　　▷ 몇 월생[며둴생] 何月生まれ

③ 전공이 뭐예요?

④ 한국어는 얼마나 배웠어요?

⑤ 혼자서 여행을 간 적이 있어요?

⑥ 초등학생(중학생 / 고등학생) 때 뭘 좋아했어요?

⑦ 요즘 어떤 것에 관심이 있어요?

もっと知りたい！　連体形

連体形とは，「見る人」「時間がある日」のように，用言（動詞・存在詞・形容詞・指定詞）が体言を修飾する形をいいます。品詞ごとに現在連体形，過去連体形，未来連体形を覚えましょう。

	現在 〜する〜	過去 〜した〜	過去回想 〜していた〜	未来 〜する, すべき
動詞	-는	-ㄴ/은	-던	-ㄹ/을
存在詞	-는	-었던		
形容詞	-ㄴ/은	-았/었던		
指定詞	-ㄴ	-었던*		

＊母音語幹のあとでは-이었던が縮約して-였던になります。　例 교사였던 엄마

※ -는, ㄴの前で己語幹の己が脱落します（⇒64頁）。
　例 아는 선배　知り合い　　만든 사람　作った人　　긴 머리　長い髪
　　（알다）　　　　　　　　（만들다）　　　　　　（길다）

※ 맛있다・맛없다・재미있다 など있다・없다がついているのは形容詞ではなく，存在詞です。
　例 맛있는 김치　おいしいキムチ　　재미있는 연극　おもしろい演劇

練習　用言を適当な連体形にしてみましょう。（答えは⇒37頁）

① 作る料理　　　　　　　（만들다 →　　　　　）요리

② 遠いところ　　　　　　（멀다 →　　　　　）곳

③ 美味しい食べ物　　　　（맛있다 →　　　　　　）음식

④ 見たもの　　　　　　　（보다 →　　　　　）것

⑤ 読んだ本　　　　　　　（읽다 →　　　　　）책

⑥ 良かった時間　　　　　（좋다 →　　　　　　）시간

⑦ おもしろくなかった映画　（재미없다 →　　　　　　　）영화

⑧ 2年生ではない人　　　　2학년이 （아니다 →　　　　　）사람

会話での
助詞の縮約形

1. 代名詞＋助詞 （☆は，縮約形なし）

	-는/은 ～は	-를/을 ～を	-의 ～の	-가/이 ～が
나	나는 → 난	나를 → 날	나의 → 내	나가(✗) → 내가
저	저는 → 전	저를 → 절	저의 → 제	저가(✗) → 제가
우리	우리는 → 우린	우리를 → 우릴	우리의 ☆	우리가 ☆

2. 指示詞＋助詞

-는/은 ～は	-를/을 ～を	-가/이 ～が	-로/으로 ～で/に
이것은 → 이건	이것을 → 이걸	이것이 → 이게	이것으로 → 이걸로
그것은 → 그건	그것을 → 그걸	그것이 → 그게	그것으로 → 그걸로
저것은 → 저건	저것을 → 저걸	저것이 → 저게	저것으로 → 저걸로
☆	무엇을 → 뭘	무엇이 → 뭐가	무엇으로 → 뭘로

3. 것＋助詞

것은 → 건　　　　　　좋아하는 건 이거예요.

것을 → 걸　　　　　　좋아하는 걸 샀어요.

것이 → 게　　　　　　좋아하는 게 있어요.

것으로 → 걸로　　　　좋아하는 걸로 사 주세요.

4. そのほか

여기를 → 여길　　　　여길 보세요.

여기에는 → 여기엔　　여기엔 없어요.

집에서는 → 집에선　　집에선 아무것도 안 해요.

노래를 → 노랠　　　　노랠 잘 불러요.

助詞の縮約形はㄴ＝「は」，
ㄹ＝「を」と覚えておこう。

右に曲がってまっすぐ行けばいいです。

学習目標：道案内をする。「～すれば」「～（する）からです」「～すればいい」「～してはいけない」
「～だろう」「～が/のに」「～してから」の表現を使ってみる。

3 1 まいは高校の時から韓国のドラマを見ていたそうです。

정우 **①** 한국어는 얼마나 공부했어요?

마이 **②** 전 대학에 들어와서 공부하기 시작했어요.

　　 ③ 그런데 고등학생 때부터 한국 드라마를 많이 봤어요.

정우 **④** 발음이 무척 좋네요. 요즘도 드라마를 봐요?

마이 **⑤** 저는 시간만 있으면 드라마를 봐요.

　　 ⑥ 아, 대학원 건물은 어디에 있어요?

정우 **⑦** 저기 창밖으로 5층 건물이 보이죠? 그 건물 뒤쪽이에요.

　　 ⑧ 건물이 뒤쪽에 있어서 좀 찾기 힘들어요.

마이 **⑨** 고마워요. 저 먼저 갈게요. 약속이 있어서요.

정우 **⑩** 여기 카페를 나가서 오른쪽으로 돌아서 곧장 가면 돼요.

単語と表現

□ 얼마나　どれくらい, どんなに	□ -층〔層〕　～階　▶3층
□ 들어오다　入る, (家に)帰る	□ 보이다　①見える, ②見せる
□ -기 시작하다　～し始める	□ 뒤쪽　後ろ側, 裏側
□ 발음　発音	□ 찾다　見つける, 探す, (お金を)下ろす
□ 무척　非常に, とても	□ -기 힘들다　～しにくい
□ -네요　～ですね	□ 먼저　先に, まず
□ -만 (助詞)　～さえ, だけ, ばかり	□ 오른쪽(⇔왼쪽)　右, 右側 (⇔左側)
□ 대학원　大学院	□ 돌다　曲がる, 回る
□ 창밖〔窓-〕　窓の外	□ 곧장[-짱]　まっすぐ (に)

聞き取り力 check!

1) 마이는 한국 드라마를 언제부터 봤어요?

2) 마이는 요즘에도 한국 드라마를 봐요?

3) 대학원 건물은 어디에 있어요?

4) 대학원은 카페를 나가서 어느 쪽으로 가면 돼요?

言ってみよう 表現を入れ替えて言ってみましょう。

4 저는 시간만 있**으면** 드라마를 봐요.
　숙제를 끝내다
밤에 잠이 깨다
집에 들어오다

☞ -(으)면은, 「〜すれば」「〜したら」「〜(する) と」という仮定を表す接続語尾。
　指定詞には -면のほか -라면の形もよく使われます。
　例 일요일이면/일요일이라면 괜찮아요.

5 저 먼저 갈게요.　약속이 있**어서요**.
　시간이 없다
몸이 안 좋다
배가 아프다

☞ -아/어서요で「〜(する) からです」。理由を表す -아/어서に，丁寧を表す요が付いた表現。하다用言は 해서요になります。話し言葉でよく使われます。指定詞には -어서요/여서요のほか，-라서요の形もよく
　使われます。　例 뒤쪽이어서요 = 뒤쪽이라서요, 뒤여서요 = 뒤라서요

6 여기서 곧장 가**면 돼요**.
　입구로 오다
왼쪽으로 돌다
맞은편에 앉다

☞ -(으)면 되다で「〜すればいい」。-(으)면 안 되다は「〜してはいけない」という意味です。敬語の -(으)
　시면 돼요(?)/안 돼요(?) も合わせて覚えておきましょう。
　例 여기에 앉으시면 안 됩니다.

마이 ❶ 저, 유학생센터는 어디 있어요?

○○ ❷ 길을 건너서 저쪽 방향으로 100미터쯤 가면 있어요.

❸ 건물 입구 왼쪽에 유학생센터 간판이 보일 거예요.

마이 ❹ 네, 감사합니다.

❺ (아, 여기다) 안녕하세요? 늦어서 죄송합니다.

직원 ❻ 어서 오세요. 이쪽으로 앉으세요. 한국어 공부는 어때요?

마이 ❼ 요즘 한국 소설을 읽는데 너무 어렵습니다.

❽ 드라마를 좋아해서 말하기는 괜찮은데, 문법과 쓰기가 약해요.

직원 ❾ 네. 한국어를 배운 지 얼마나 됐어요?

마이 ❿ 1년 좀 넘었어요. 올해 한국어능력시험을 보려고 해요.

単語と表現

□ 저(=저기)　あのう	□ 어서　早く, どうぞ, さあ
□ 센터　センター	□ 소설　小説　▶소설가
□ 건너다　渡る	□ 어렵다〈ㅂ〉　難しい
□ 저쪽　あっち, あちら側	□ 말하기　話すこと, 会話 (회화)
□ 방향　方向	□ 문법[-뻡]　文法
□ -미터　〜メートル(m)	□ 쓰기　書くこと, 作文 (작문)
□ 입구[-꾸]　入口	□ 약하다[야카-]〔弱--〕　弱い
□ 왼쪽　左, 左側	□ 되다　なる, できる, よい
□ 간판　看板	□ 넘다[-따]　過ぎる, 超える

広がる表現力！　方向・位置

북(北)쪽

서(西)쪽　✦　동(東)쪽

남(南)쪽

위

아래

뒤(後ろ)

옆(横)　옆(横)

앞(前)

聞き取り力 check!

1) 유학생센터는 어디에 있어요?

2) 유학생센터 간판은 어느 쪽에 있어요?

3) 마이는 요즘 뭘 읽고 있어요?

4) 마이는 말하기와 쓰기 중에 뭐가 약해요?

言ってみよう 表現を入れ替えて言ってみましょう。

4 유학생센터 간판이 보일 **거예요**.
　　카페 출구는 뒤쪽이다
　　아무나 가도 괜찮다
　　아무 문제도 없다

☞ -ㄹ/을 것이다는,「～だろう」「～するつもりだ」「～と思う」に当たる表現です。1人称の場合は話し手の意志を，2人称の場合は聞き手の意志の確認を，3人称の場合は推量を表します。ㄹ語幹動詞はㄹが落ちて-ㄹ 것이다が付きます。　例 만들 것이다.

5 한국 소설을 읽**는데** 너무 어렵습니다.
　　기타를 배우다
　　작문을 쓰다
　　옷을 만들다

動·存 + 는데
形·指 + ㄴ/은데

☞ -는데는，動詞・存在詞に付いて「～だが（しかし×），～けど」（前置きや説明）や「～のに」（逆接）を表す接続語尾です。ㄹ語幹動詞はㄹが落ちて-는데が付く。過去形は品詞を問わず -았/었는데です。
　例 만드는데/만들었는데

6 한국어를 배운 **지** 얼마나 됐어요?
　　자취를 하다
　　사진을 찍다
　　교토에 살다

☞ -ㄴ/은 지는,「～してから」という時間の経過を表す表現です。-ㄴ/은 지の後には되다（なる）・안 되다（なってない）・오래되다（久しい）・지나다（過ぎる）など時間の経過を表す表現しか来ません。ㄹ語幹動詞はㄹが落ちて-ㄴ지が付く。　例 살다 → 산 지

3-1 Aの質問に，-(으)시면 됩니다 (〜なさったらいいです) で答えましょう。

例 A : 신호등을 건너면 안 돼요?

　　B : 신호등을 건너시면 됩니다.

① A : 시내버스를 타고 가면 안 돼요?

　　B :

② A : 그쪽에 앉으면 안 돼요?

　　B :

③ A : 중급 교과서를 펴면 안 돼요?

　　B :

④ A : 여기 프린트를 쓰면 안 돼요?

　　B :

3-2 -ㄹ/을 거예요? と안 -ㄹ/을 겁니다を用いて， A :「〜するつもりですか」， B :「いや， 〜しないいつもりです」 という会話の練習をしましょう。

---

① 귤을 먹다　　　② 케이크를 나누다　　　③ 졸업식에 가다

④ 세수를 하다　　⑤ 콜라를 마시다　　　　⑥ 탁구를 치다

⑦ 사진을 찍다　　⑧ 목적을 말하다　　　　⑨ 에어컨을 켜다

⑩ 고향에 돌아가다　⑪ 시내버스를 타다　　⑫ 自由に

例 A : 귤을 먹을 거예요?

　　B : 아니, 안 먹을 겁니다.

3-3 -는데 , -ㄴ/은데を用いて，「〜だが/のに〜です/ます」と言ってみましょう。
(動詞・存在詞＋는데，　形容詞・指定詞＋ㄴ/은데が付く)

---

① 번역을 하다 / 아주 재미있다　　② 시간은 많다 / 돈이 없다

③ 카메라가 있다 / 잘 안 쓰다　　　④ 학년은 다르다 / 나이는 같다

⑤ 농구를 하고 싶다 / 친구가 없다　⑥ 방은 좁다 / 부엌은 넓다

⑦ 문법은 알고 있다 / 회화를 못하다　⑧ 월요일이다 / 학교 가기 싫다

例 번역을 하는데 아주 재미있어요.　　　　　▷ -기 싫다 〜したくない

　 시간은 많은데 돈이 없어요.

3-4 次の語句を用いて、 A:「〜してからどのぐらいになりましたたか」、 B:「〜なりました/過ぎました/なっていません」という会話の練習をしましょう。

① 서로 알다 / 반년 되다 　　　　② 미술관 앞에 버스가 서다 / 6개월 넘다

③ 유학을 갔다 오다 / 1년 되다 　　④ 고향에 돌아오다 / 벌써 3년이 지나다

⑤ 회화를 배우다 / 2년이 안 되다 　⑥ 만화를 그리다 / 아직 얼마 안 되다

⑦ 배구를 하다 / 10년 정도 되다 　⑧ 사진을 찍다 / 오래되다

例 A: 서로 안 지 얼마나 됐어요?　　B : 반년 됐어요.

3-5 겐타와 수빈의 会話를 聞いて、 内容에 合うもの를 選んでみましょう。

① 겐타는 (대학원 / 유학생센터)에 가려고 해요.

② 수빈이가 길을 건너서 (이쪽 / 저쪽) 방향이라고 가르쳐 줬어요.　▷ −(이)라고 ~だと

③ 그 건물은 왼쪽으로 약 (50 / 60)미터쯤 걸어가면 있어요.

④ 처음 가는 사람은 건물이 (앞쪽 / 뒤쪽)에 있어서 좀 찾기 힘들어요.

3-6 イラストを見て、「道案内」をしてみましょう。

例 A: 〈화장실〉은/는 어디 있어요?
　　B: 오른쪽으로 돌아가면 있어요.

映画を観に行きませんか？

学習目標：休日の過ごし方や趣味ににについて話す。「～した後に」「～しに行きませんか」「～しようと思って」
「～しなければならない」「～（する）ことにする」「～なので」の表現を使ってみる。

 まいは，日曜日映画を観に行くことになりました。

정우 ❶ 휴일에는 뭐 하고 지내요?

마이 ❷ 보통 청소하고 빨래를 한 뒤에 드라마를 봐요.

정우 ❸ 다음 주에 쉬는 날이 있잖아요.

❹ 그때 시간 되면 영화 보러 안 갈래요? 수빈이도 같이요.

마이 ❺ 아, 그날은 다른 일이 있어요. 일요일이라면 괜찮아요.

정우 ❻ 그럼 일요일 오후 2시에 그 영화관 1층 카페에서 볼까요?

마이 ❼ 카페보다 표 파는 곳이 좋지 않아요?

정우 ❽ 그럼 그러죠. 티켓은 미리 인터넷으로 예매하려고요.

마이 ❾ 근데 제 티켓은 그날 제가 사면 안 될까요?

정우 ❿ 예매는 제가 하고 티켓값은 그날 주시면 돼요.

単語と表現

- □ 휴일　休日
- □ 보통　普通, 普段
- □ 청소(하)　掃除
- □ 빨래(하)　洗濯
- □ 쉬다　休む
- □ 날　日, ～日　▶쉬는 날
- □ 그때　その時
- □ 그날　その日
- □ 다른　他の, 別の（＋名詞）

- □ 일　仕事, こと, 用事
- □ 그럼（＝그러면）　では, それなら
- □ 파는 곳　売り場　▶팔다
- □ 티켓（＝표）　チケット, 切符
- □ 미리　あらかじめ, 前もって
- □ 인터넷　インターネット
- □ 예매(하)〔予買〕　前売券を買う
- □ 근데（＝그런데）　ところで, だけど
- □ 티켓값[-켙깝]　チケット代　▶값

聞き取り力 *check!*

1) 마이는 휴일에 뭘 해요?

2) 마이하고 정우는 언제 영화를 보러 가요?

3) 영화 보는 날, 마이하고 정우는 어디서 몇 시에 만나요?

4) 영화표는 누가, 어떻게 사요?

言ってみよう　表現を入れ替えて言ってみましょう。

1　청소하고 빨래를 한 **뒤에** 드라마를 봐요.
　　손을 씻고 밥 먹다
　　세수하고 이를 닦다
　　먼저 숙제를 하다

☞ -ㄴ/은 뒤(에)で「〜した後に」「〜して後で」。 뒤は후や다음に置き換えられます。

2　시간 되면 영화 보**러** 안 갈래요?
　　내일 술 마시다
　　쉬는 날에 놀다
　　휴일에 춤 추다

☞ -(으)러 안 갈래요? で「〜しに行きませんか」。-(으)러は「(〜しに)」という目的を表す接続語尾。
　　-ㄹ/을래요(?)は、「〜します(か)」「〜しますよ」という意志を表す表現で「お誘い」の場面でよく使われます。

3　인터넷으로 예매하**려고요**.
　　티켓값을 드리다
　　예쁜 거울을 사다
　　저도 저렇게 말하다

☞ 意図を表す -(으)려고 (〜しようと) (⇒11頁) に，丁寧を表す -요が付いた表現。
　　-(으)려고요(?)は、「〜しようと思って」「〜しようと思っています」「〜するつもりです(か)」の意味で使われます。

마이 **①** 요새 취미가 하나 생겼어요.

② 얼마 전부터 저녁 먹고 걷기를 시작했거든요.

수빈 **③** 오, 저도 운동을 해야 돼요. 운동할 때 저하고 함께해요.

④ 혼자서 하면 늘 도중에 포기하거든요.

마이 **⑤** 수빈 씨랑 같이 운동하면 저는 좋죠.

수빈 **⑥** 수요일하고 목요일, 알바가 없는 날에 꼭 같이 운동해요.

마이 **⑦** 약속했어요. 참, 정우 씨랑 영화를 보러 가기로 했어요.
알죠?

수빈 **⑧** 네. 오빠한테 들었어요. 저도 보고 싶었던 영화예요.

⑨ 좋아하는 배우가 나오는 영화라서 정말 기대돼요.

마이 **⑩** 저도 좋아하는 감독이 만든 영화라서 기다리고 있었어요.

単語と表現

□ 요새(=요즘)　最近, 近頃
□ 생기다　生じる, できる
□ 얼마 전　少し前
□ 걷기　ウォーキング ▶걷다
□ -ㄹ/을 때　〜する時
□ 함께(하)　共に, 一緒に
□ 늘　いつも, 常に
□ 도중　途中
□ 포기(하)　諦める

□ 알바(=아르바이트)　アルバイト
□ 꼭　必ず, きっと
□ 약속(하)　約束
□ 참　あ, そうだ (話題転換)
□ -한테(=에게)　〜に, 〜から
□ 배우　俳優
□ 나오다　出る, 出てくる
□ 기대되다　期待される, 楽しみだ
□ 감독　監督

広がる表現力!　해요체の勧誘形

Q：③の함께해요の해요は「しましょう」の意味ですか?

A：はい, 함께や같이と一緒に使われる해요は「しましょう」という意味です。해요体の -아/어요は勧誘形や命令形が平叙形と同じ形ですから, 前後の文脈を確認しましょう。

例　같이 가요.　一緒に行きましょう　　빨리 가요.　早く行ってください

1) 마이한테 무슨 취미가 생겼어요?

2) 마이하고 수빈이는 언제 운동을 같이하기로 했어요?

3) 영화는 몇 명이서 봐요?

4) 수빈이가 이 영화를 기대하는 이유는 뭐예요?

▶ 수빈のように子音終わりの名前は，話し言葉では수빈이가, 수빈이도,
수빈이는のように이が名前と助詞の間に挟まれることがあります。

言ってみよう　表現を入れ替えて言ってみましょう。

4 저도 운동을 **해야 돼요**.
　큰길까지 뛰다
　집에 갔다 오다
　한 시간은 걷다

☞ -아/어야 하다/되다は「～しなければならない」「～すべきだ」に当たる表現です。

5 같이 영화를 보**기로 했어요**.
　전 유학을 가다
　더욱 노력하다
　마음을 전하다

☞ -기로 하다は「～(する)ことにする」という決心を表す表現です。なお，「～(する)ことになる」は
-게 되다で表現します(⇒11頁)。　例 유학을 가게 됐어요.

6 좋아하는 배우가 나오는 영화**라서** 정말 기대돼요.
　소설을 영화로 만든 것이다
　중학교 친구들과 함께(이)다
　좋아하는 인기 가수(이)다

☞ -(이)라서で「～なので」(⇒11頁)。母音終わりの名詞の後では이が省略されます。

練習コーナー

4-1 -ㄴ/은 후에/다음에 -(으)려고요を用いて,「〜した後に〜しようと思っています」と言ってみましょう。(①〜④は -ㄴ/은 후에, ⑤〜⑧は -ㄴ/은 다음에を用いること)

① 돈을 모으다 / 유학을 가다   ② 이야기를 나누다 / 일정을 정하다

③ 신문을 읽다 / 리포트를 쓰다   ④ 문제를 다 풀다 / 답을 쓰다

⑤ 연극을 보다 / 저녁을 먹다   ⑥ 부모님께 말하다 / 강아지를 기르다

⑦ 청소를 하다 / 빨래를 하다   ⑧ 일을 다 하다 / 여행을 떠나다

例 돈을 모은 후에 유학을 가려고요.

4-2 -ㄹ/을래요?と -(이)라면 괜찮아요を用いて, A:「〜しますか」, B:「はい, 〜なら大丈夫です」という会話の練習をしましょう。

① 점심 먹으러 가다 / 지금   ② 같이 게임을 하다 / 한 시간 정도

③ 쇼핑하러 가다 / 주말   ④ 월요일에 알바하다 / 5교시 이후

⑤ 다음 주에 놀러 가다 / 쉬는 날   ⑥ 작문 좀 고쳐 주다 / 점심때

⑦ 오후에 탁구를 치다 / 4시쯤   ⑧ 공원 입구에서 만나다 / 거기

例 A : 점심 먹으러 갈래요?

B : 네. 지금이라면 괜찮아요.

4-3 Aの質問に, -아/어야 돼요 (〜しなければなりません) で答えてみましょう。

例 A : 고춧가루도 사요?

B : 네. 600그램 (사야 돼요).

① A : 오늘도 걸어요?

B : 네. 10킬로 (   ).

② A : 소리 내서 몇 번 읽어요?

B : 소리 내서 열 번 (   ).

③ A : 내년 달력도 사요?

B : 고양이 그림의 달력을 (   ).

④ A : 왜 그렇게 열심히 해요?

B : 인기가 있을 때 열심히 (   ).

4-4 –(이)라서 –기로 했어요를 用いて,「～なので～することにしました」と言ってみましょう.

① 좋아하는 가수 / 콘서트에 가다   ② 쉬는 날 / 테니스를 치다

③ 알바가 없는 날 / 집에 있다   ④ 기말시험 / 밤늦게까지 공부하다

⑤ 모레부터 휴가 / 해외여행을 가다   ⑥ 재미있는 일 / 계속해 보다

⑦ 수요일은 휴일 / 노래방에 가다   ⑧ 새로 생긴 다리 / 사진을 찍다

例 좋아하는 가수라서 콘서트에 가기로 했어요.

 4-5 音声を聞いて対話文を完成させ, ペアで会話の練習をしましょう.

 겐타

내일 수업 끝나고 시간 있어요?
저녁에 영화 같이 안 볼래요?

 수빈

내일은 수업이 5교시까지 있거든요.
6시 이후라면 괜찮아요.

그럼 (①   ).

 수빈

 겐타

좋아요. 학교 앞에서 (②   ).
저녁은 뭐 먹을래요?

 수빈

맛있는 거라면 뭐든지 좋아요.
생선 요리 먹을까요?

 4-6 音声を聞いて 4-5 と内容が合っていれば○を, 合っていなければ×を付けましょう.

① (   )

② (   )

③ (   )

④ (   )

もっと知りたい！ 変則用言

ㅅ変則用言

낫다 (治る), 낫다 (ましだ), 짓다 ([ご飯を] 炊く, 建てる, [名前を] 付ける) など, 語幹末にㅅがある用言の一部

ㅅ+아/어, 으 ➡ ㅅが消える

ただし, ㅅが消えても母音縮約は起こらない。 例 ○ 나아요 × 나요

例 낫다 (治る) : 나아요, 나았어요, 나으세요/낫지 않아요 (変化なし)

※ 웃다 (笑う), 벗다 (脱ぐ), 씻다 (洗う) などは規則用言

ㄷ変則用言

걷다 (歩く), 듣다 (聞く), 묻다 (尋ねる) など, 語幹末にㄷがある用言の一部

ㄷ+아/어, 으 ➡ ㄷがㄹになる

例 걷다 (歩く) : 걸어요, 걸었어요, 걸으세요/걷지 않아요 (変化なし)

※ 받다 (もらう), 주고받다 (やり取りする), 믿다 (信じる), 얻다 (得る) などは規則用言

ㅂ変則用言

덥다 (暑い), 맵다 (辛い), 아름답다 (美しい) など, 語幹末にㅂがある用言のほとんど

ㅂ+아/어, 으 ➡ ㅂが우になる

つまり, ㅂ+아/어=워, ㅂ+으=우 (으は消える)

例 덥다 (暑い) : 더워요, 더웠어요, 더우세요?/덥지 않아요 (変化なし)

ただし, 곱다 (美しい), 돕다 (手伝う) だけはㅂが오になる。

つまり, ㅂ+아/어=와, ㅂ+으=우 (으は消える)

例 곱다 (美しい) : 고와요, 고왔어요, 고우세요?/곱지 않아요 (変化なし)

※입다 (着る), 잡다 (つかむ), 좁다 (狭い) などは規則用言

으変則用言

바쁘다 (忙しい), 예쁘다 (きれいだ), 쓰다 (書く, 使う) など, 語幹末に一がある用言 (르を除く)

一+아/어 ➡ 一と으が消える

ただし, 쓰다の場合は어がつくが, 바쁘다, 예쁘다の場合は, 語幹の前の母音が陽母音 (ㅏ, ㅗ) なら아,
陰母音 (ㅏ, ㅗ以外) なら어がつくので注意しましょう。

例 바쁘다 (忙しい) : 바빠요, 바빴어요/바쁘세요? 바쁘지 않아요 (変化なし)

르変則用言

모르다 (知らない), 흐르다 (流れる), 다르다 (異なる) など, 語幹末に르がある用言

르+아/어 ➡ ㄹ라/ㄹ러になる (一が消えて, その前にㄹが追加)

例 몰라요, 몰랐어요/모르세요? 모르지 않아요 (変化なし)

※따르다 (従う), 들르다 (立ち寄る) などは으規則用言

練習 日本語訳に合うように，用言を活用しましょう。（文末語尾は解要体にすること）（答えは⇒65頁）

① 고양이 이름은 제가 (짓다 →   ).

猫の名前は私が<u>付けました</u>。

② 내년에 집을 (짓다 →   ).

来年家を<u>建てようとしています</u>。

③ 매일 한 시간은 (걷다 →   ).

毎日1時間は<u>歩かなければなりません</u>。

④ 너무 (덥다 →   ) 에어컨을 켰어요.

とても<u>暑くて</u>エアコンを点けました。

⑤ 공원의 꽃들이 무척 (아름답다 →   ).

公園のお花をとても<u>美しかったです</u>。

⑥ 방이 (좁다 →   ) 좀 넓은 방으로 바꾸고 싶어요.

部屋が<u>狭くて</u>少し広い部屋に替えたいです。

⑦ 모자를 (쓰다 →   ) 보면 어때요?

帽子を<u>かぶってみたら</u>, どうですか。

⑧ 제가 술 한 잔 (따르다 →   ) 드릴까요?

ぼくがお酒を一杯お注ぎしましょうか。

⑨ (모르다 →   ) 게 있으면 질문하세요.

<u>知らない</u>ことがあれば質問してください。

「ㅇ」で始まる語尾がつく時だけ
変則が起こるんだね。

22頁 練習 の答え

① 만드는　② 먼　③ 맛있는　④ 본　⑤ 읽은　⑥ 좋았던　⑦ 재미없었던　⑧ 아닌

韓国語で翻訳するのが夢だからです。

学習目標：大学生活について話す。「〜ますか」「〜ます」「〜だからです」「(まだ) 〜していない」
「〜(する) ことができる/できない」「〜してもいい/構わない」などの表現を使ってみる。

 정우는, 마이의 知り合いと同じサークルのメンバーでした。世の中は狭い。 23

마이 ❶ 지난번엔 고마웠어요.

정우 ❷ 뭘요. 그런데 마이 씬 전공이 뭔가요?

마이 ❸ 전공은 국제문화예요. 부전공은 사회학이고요.

정우 ❹ 네. 전 원래 경제학이었는데, 작년에 일본문학으로 바꿨어요.

마이 ❺ 무슨 이유가 있었나요?

정우 ❻ 제가 일본문학 작품을 한국어로 번역하는 게 꿈이라서요.

마이 ❼ 멋있다! 저도 기회가 되면 통역 같은 일을 하고 싶어요.

정우 ❽ 맞다, '일본문학연구회' 알죠? 저도 거기 회원이에요.

마이 ❾ 정말? 저도 거기에 아는 친구가 있는데….

정우 ❿ 그러면 시간 있을 때 언제든지 놀러 오세요.

単語と表現 ♫ 24

□ 뭘요[-료]　いえいえ	□ 번역(하)　翻訳　▶번역가
□ 부전공　副専攻	□ 꿈　夢　▶꿈을 꾸다 夢を見る
□ 사회학　社会学	□ 멋있다[머싣따]　格好いい, 素敵だ
□ 원래[월-]　元々	□ 기회가 되다　機会 (チャンス) がある
□ 경제학　経済学	□ 통역　通訳
□ 문학　文学	□ 같다[갇따]　同じだ, 〜のようだ
□ 바꾸다　換える, 変える, 両替する	□ 연구회　研究会
□ 이유　理由	□ 회원 会員　▶회장 会長
□ 작품　作品	□ 언제든지　いつでも

聞き取り力 *check!*

1) 마이는 부전공으로 뭘 공부하고 있나요?

2) 정우는 전공을 뭘로 바꿨나요?

3) 정우가 전공을 바꾼 이유는 무엇인가요?

4) '일본문학연구회'에 마이가 아는 사람이 있나요?

言ってみよう　表現を入れ替えて言ってみましょう。

1　마이 씬 전공이 **뭔가요**?
　　좋은 방법이 있다
　　교사가 되고 싶다
　　번역가가 꿈이다

☞ -나요?, -ㄴ/은가요? は「〜ますか」「〜ですか」にあたる文末語尾。過去形は品詞を問わず -았/었나요? です。ㄹ語幹はㄹが落ちて, -나요, -ㄴ가요 が付きます。なお, 뭔가요? は 무엇인가요? の縮約形です。
　　例 만들다 → 만드나요?　멀다 → 먼가요?

2　전공은 국제문화예요.　　부전공은　사회학이**고요**.
　　　일본문학이에요.　　　　　　한국어
　　　　경제학　　　　　　　　　　일본어
　　　　건축학　　　　　　　　　영어교육

☞ -고요で「〜ます」「〜です」。並列の -고に丁寧を表す요が付いた表現で, 話し言葉でよく使われます。

3　한국어로 번역하는 게 꿈이**라서요**.
　　새 차를 파는 게 일이다
　　원래 아는 친구(이)다
　　그분은 회원이 아니다

☞ 理由を表す -아/어서요 (⇒25頁) は指定詞の場合, -(이)라서요の形がよく使われます。母音終わりの名詞の後では이다の이が省略されます。　例 친구라서요.

정우 ❶ 마이 씨, 점심 먹었어요?

마이 ❷ 아직 못 먹었어요. 수업이 늦게 끝났거든요.

정우 ❸ 참, 저녁에 독서 모임이 있는데, 혹시 참가할 수 있어요?

마이 ❹ 오늘요? 제가 가도 돼요? 몇 시부턴가요?

정우 ❺ 4교시 끝나고 5시부터예요.

　　 ❻ 발표가 끝나면 다 같이 저녁을 먹으러 갈 거예요.

마이 ❼ 저녁은 다른 약속이 있어요. 그냥 발표만 들어도 괜찮을까요?

정우 ❽ 당연히 괜찮죠. 그럼 이따가 학생식당 앞에서 봐요.

마이 ❾ 네. 주제를 알려 주면 관련 자료 좀 찾아보고 싶은데….

정우 ❿ 역시 마이 씨. 저도 지금 도서관에 가는 길이에요. 같이 가요.

単語と表現　　26

□ 아직　まだ, いまだに	□ 당연히　<u>当然</u>, まさに
□ 늦게[늗께]　遅く, 遅れて	□ 이따가　のちほど, 後で
□ 독서　<u>読書</u>	□ 주제　<u>主題</u>, テーマ
□ 모임　集まり, 集会　▶모이다	□ 알리다　知らせる, 教える
□ 혹시[-씨]　もしかして, もしも	□ -아/어 주다　〜してくれる
□ 참가(하)　<u>参加</u>	□ 관련[괄-] 자료　<u>関連資料</u>
□ -교시〔教時〕　〜限目	□ -아/어 보고 싶다　〜してみたい
□ 발표(하)　<u>発表</u>	□ 역시[-씨]　やはり, さすが
□ 그냥　そのまま, ただ	□ -는 길이다　〜(する)ところだ

広がる表現力!　같다

Q：통역 같은 일은,「通訳と同じ仕事」ですか？それとも「通訳のような仕事」ですか？

A：助詞「〜と」を伴う -와/과 같다は「〜と同じだ」ですが,「〜と」を伴わない통역 같은 일の같다は「〜の ようだ」という表現です。

　　例　친구와 같아요. 友達と同じです　　친구 같아요. 友達のようです

聞き取り力 check!

1) 마이는 왜 점심을 못 먹었나요?

2) 오늘 독서 모임은 몇 시부터인가요?

3) 독서 모임이 끝나고 마이도 같이 저녁을 먹으러 가나요?

4) 정우는 어디 가는 길이었나요?

言ってみよう 表現を入れ替えて言ってみましょう。

4　A : 점심 먹었어요?　　　B : 아직 **못** 먹었어요.

　　　그 영화 봤어요?　　　　　　보다

　　　설명을 들었어요?　　　　　　듣다

　　　연락은 했어요?　　　　　　하다

☞ 아직 못 -았/었어요で「まだ～していません」。못は「(したくても)～できない」「～られない」という能力
否定を表す表現です。-지 못하다も同じ意味です。연락하다のような하다動詞は, 연락と하다の間に못を
入れます。　例 연락 못 했어요.

5　혹시 모임에 참가할 **수 있어요**?

　　한국 돈으로 바꾸다

　　20까지 수를 세다

　　시합에서 이기다

☞ -ㄹ/을 수 있다は「～(する)ことができる」という可能を表す表現です。「～(する)ことができない」は
-ㄹ/을 수 없다で表現します。ㄹ語幹動詞はㄹが落ちて-ㄹ 수 있다が付きます。　例 만들 수 있어요.

6　오늘 제가 가**도 돼요**?

　　돈이 좀 들다

　　10분쯤 늦다

　　비누를 쓰다

☞ -아/어도は,「～しても」「～くても」に当たる接続語尾。하다用言は -해도になります。-아/어도 되다
(～してもよい) や -아/어도 괜찮다 (～しても構わない) という許可の表現を覚えておきましょう。
　例 돈이 들어도 괜찮아요.

5-1 −나요, ㄴ/은가요를 用いて対話文を完成させ, 発音してみましょう.

例 A : 참, 이날 시간 (있다 → 있나요)?
　　B : 며칠이죠? 아, 그날은 시간이 전혀 없어요.

① A : 맞다, 강아지는 잘 (자라다 → 　　　　　　)?
　　B : 네. 건강하게 잘 자라고 있어요.

② A : 그게 제 잘못(이다 → 　　　　　　)?
　　B : 그건 누구의 잘못도 아니에요.

③ A : 저하고 머리 모양이 (비슷하다 → 　　　　　　)?
　　B : 아뇨. 안 비슷해요.

④ A : 학교 앞 카페는 뭐가 (달라졌다 → 　　　　　　)?
　　B : 이전과 마찬가지예요.

5-2 −아/어서 못 −았/었어요를 用いて, 「～ので/くて～られませんでした/できませんでした」と言ってみましょう.

---

① 늦잠을 자다 / 입학식에 못 가다　　② 문이 안 열리다 / 못 들어가다

③ 일이 있다 / 약속을 못 지키다　　④ 감기에 걸리다 / 학교에 못 가다

⑤ 늦게 일어나다 / 머리를 못 감다　　⑥ 자꾸 생각나다 / 잠을 못 자다

⑦ 휴대폰을 잃어버리다 / 연락 못 하다　　⑧ 제가 잘못 듣다 / 설명 못 하다

例 늦잠을 자서 입학식에 못 갔어요.　　　　　　　▷ 잘못+動詞で「～し間違える」

5-3 −ㄹ/을 수 있나요?と −ㄹ/을 수는 없어요를 用いて, A:「～(する) ことができるますか」, B:「～(する) ことはできません」という会話の練習をしましょう.

---

① 주소를 적다　　② 담배를 끊다　　③ 시합에서 지다

④ 자리에서 일어서다　　⑤ 결과를 알려 주다　　⑥ 저렇게 말하다

⑦ 여기에 건물을 세우다　　⑧ 백 퍼센트 이해하다　　⑨ 안경을 벗다

⑩ 질문에 대답하다　　⑪ 짧은 글을 짓다　　⑫ 自由に

例 A : 주소를 적을 수 있나요?
　　B : 주소를 적을 수는 없어요.

5-4 －아/어도 돼요? と －(으)셔도 괜찮아요를 用いて，A：「～してもいいですか」，B：「はい，～なさっても構いません」という会話の練習をしましょう。

> ① 전화를 걸다　　② 팩스로 보내다　　③ 담배를 피우다
>
> ④ 전화를 받다　　⑤ 여기 줄을 서다　　⑥ 불을 켜다
>
> ⑦ 비누를 쓰다　　⑧ 이름을 부르다　　⑨ 불을 끄다
>
> ⑩ 제가 이름을 짓다　⑪ 노래를 부르다　　⑫ 自由

　A: 전화를 걸어도 돼요?　　　　　　　 ㄹ語幹動詞はㄹが脱落して셔도が付く（64頁）。

　　　B: 네. 전화를 거셔도 괜찮아요.

5-5 겐타의 話を聞いて，内容に合うものを選んでみましょう。

① 겐타는 (초등학생 / 중학생) 때는 교사가 되고 싶었어요.

② 겐타의 (아버지 / 어머니)가 교사예요.

③ 겐타는 대학을 졸업하고 (미국 / 영국)에서 더 공부하려고 해요.

④ 일주일에 두 번 (미국인 / 영국인) 친구한테 영어 회화를 배우고 있어요.

5-6 次の質問に答えてみましょう。また韓国語でインタビューしてみましょう。

① 고등학생 때 어떤 활동을 했나요?

② 대학에서 어떤 동아리에서 활동하나요?　　　　　▷ 동아리（大学の）サークル

③ 요즘 어떤 아르바이트를 하고 있나요?

④ 아르바이트는 일주일에 몇 번 하나요?

⑤ 초등학생(중학생 / 고등학생) 때 뭐가 되고 싶었어요?

⑥ 대학을 졸업하고 어떤 일을 하고 싶어요?

グッズ販売を手伝う仕事のようです。

学習目標：アルバイトについて話す。「〜ですね」「〜(する) ことができそうだ」「〜してみたい」
「〜しようかと思う」「〜したらいいな」「〜ではないかと思う」の表現を使ってみる。

 6 1 수빈은 새로운 바이트 先が見つかったそうです。

수빈 ❶ 늦어서 미안해요. 5분이나 늦었네요.

마이 ❷ 괜찮아요. 저도 방금 왔어요.

❸ 오늘은 카페 알바가 있는 날인가요?

수빈 ❹ 네. 월요일, 화요일, 금요일, 일주일에 세 번 있어요.

❺ 아, 새로 주말 알바를 찾았어요.

❻ 좀 전에 연락이 왔는데, 콘서트 행사의 보조 업무를 하게 됐어요.

마이 ❼ 오, 잘됐네요. 주말이라면 바로 모레부터?

수빈 ❽ 네. 설레요. 음반이나 굿즈 판매를 돕는 일 같아요.

마이 ❾ 그럼 행사장 밖에서 노래를 들을 수 있겠네요. 부럽다!

❿ 그런 일이라면 나도 해 보고 싶어요.

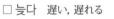 単語と表現

□ 늦다　遅い, 遅れる	□ 잘되다　うまくいく　▶잘됐다 よかった
□ 방금　今, 今し方	□ 바로　すぐ(に), 直ちに, まさに
□ 일주일[-쭈-]　一週間	□ 설레다　ときめく, わくわくする
□ 새로　新たに	□ 음반〔音盤〕　レコード, CD
□ 콘서트　コンサート	□ 굿즈 판매　グッズの販売
□ 전　前, 以前 (이전)	□ 돕다〈ㅂ〉　手伝う, 助ける
□ 연락(하)[열-]　連絡	□ 행사장〔行事場〕　イベント会場
□ 행사　行事, イベント, 催し	□ 부럽다〈ㅂ〉　うらやましい
□ 보조 업무[엄-]　補助業務	□ 그런　そんな, あんな (＋名詞)

聞き取り力 *check!*

1) 수빈이는 몇 분 늦었나요?

2) 수빈이는 언제 카페 알바를 하나요?

3) 수빈이가 주말에 하게 된 알바는 어떤 일인가요?

4) 행사장의 보조 업무는 어떤 일인가요?

言ってみよう 表現を入れ替えて言ってみましょう。

ㄴの前での鼻音化に
注意しましょう。

1　（時計を見て5分遅れたことに気づいて）　**5분이나 늦었네요.**

　　（グッズが3個もあるのを見て）　3개나 있다

　　（韓国語の発音を聞いて）　발음이 좋다

　　（時計を見て12時に気づいて）　12시(이)다

☞ -네요（～ですね，～ますね）は，話し手が見聞きしたり感じたりして新に気づいたことや発見がある場合に用います。独り言としてもよく使われます。ㄹ語幹動詞の場合はがㄹが脱落します（⇒64頁）。
　　例 마음에 들다 → 마음에 드네요.
　　なお，母音終わりの名詞の後では이다の이が省略されます。

2　**밖에서 노래를 들을 수 있겠네요.**

　　계산이 틀리다

　　시합에서 지다

　　이번엔 이기다

☞ -ㄹ/을 수 있겠다で「～（する）ことができそうだ」「～られそうだ」。既習の -ㄹ/을 수 있다（～[する] ことができる，～られる）に推量の -겠がついた表現。
　　なお，-ㄹ/을 수の後には가・는・도などの助詞が付くこともあります。
　　例 노래를 들을 수도 있겠네요.

3　**그런 일이라면 나도 해 보고 싶어요.**

　　저런 후배라면 만나다

　　이런 음반이라면 듣다

　　좋은 회사라면 일하다

☞ -아/어 보고 싶다で「～してみたい」。하다用言은 해 보고 싶다になります。

마이　❶ 수학 강사 알바는 어때요?

정우　❷ 이달 말까지만 하고 그만둘까 해요. 학원이 너무 멀어서요.

　　　❸ 가까운 책방에서 일해 볼까 해서 오늘 면접을 보고 왔어요.

마이　❹ 좋은 결과가 있으면 좋겠네요.

　　　❺ 저도 초등학생들한테 영어하고 국어를 가르친 적이 있어요.

정우　❻ 진짜? 저도 가르치는 건 좋아하는데, 집에 가면 밤 12시가

　　　넘어요.

　　　❼ 너무 피곤해서 다음 날 못 일어날 때도 많고요.

마이　❽ 서점에서 일하는 시간은 정해져 있나요?

정우　❾ 저녁 6시부터 세 시간. 집에 가면 9시 반쯤 되지 않을까 해요.

마이　❿ 그러면 가족들하고도 이야기할 시간이 좀 생기겠네요.

単語と表現  31

□ 수학　数学	□ 초등학생〔初等--〕　小学生
□ 강사　講師	□ -들　～達, ～ら ▶학생들
□ 말(⇔초)　末 (⇔初め)	□ 국어　国語
□ 그만두다　辞める	□ 진짜　本当(に), 本物
□ 학원〔学院〕　塾, スクール	□ 넘다[-따]　超える, (時が) 過ぎる
□ 가깝다〈ㅂ〉　近い	□ 피곤하다　疲れている
□ 책방[-빵]　本屋, 書店 (서점)	□ 다음 날　翌日
□ 면접을 보다　面接を受ける	□ 정해지다　決まる
□ 결과　結果	□ 생기다　生じる, できる

 広がる表現力！　科目

국어 国語	영어 英語	과학 科学	역사 歴史
음악 音楽	체육 体育	미술 実術	사회 社会

聞き取り力 *check!*

1) 정우는 왜 학원 강사를 왜 그만두려고 하나요?

2) 정우가 새로 면접을 본 곳은 어디인가요?

3) 마이는 어떤 알바를 한 적이 있나요?

4) 서점에서는 몇 시부터 몇 시까지 일하게 되나요?

> **言ってみよう** 表現を入れ替えて言ってみましょう。

1 이달 말에 그만**둘까 해요**.
역사 교사가 되다
미술관에 가 보다
연극을 보러 가다

☞ -ㄹ/을까 해요で「〜しようかと思います」。-ㄹ/을까 하다 (〜しようかと思う) は, 하다の代わりに보다や
싶다に置き換えることができます。ㄹ語幹動詞はㄹが落ちて-ㄹ까が付きます。
例 용돈을 벌까 싶어요.

2 좋은 결과가 있**으면 좋겠**네요.
이번엔 이기다
30분쯤 걷다
용돈을 벌다

☞ -(으)면 좋겠네요で「〜したらいいですね」。-(으)면 좋겠다は「〜したらいいな」という願望を表す表現
です。なお, -아/어 주면 좋겠다は「〜してほしい」「〜してくれたらいいな」という表現です。
例 이겨 주면 좋겠어요.

3 집에 가면 9시 반쯤 되**지 않을까 해요**.
좋은 결과가 나오다
앞으로 실력이 늘다
끝나면 3시가 넘다

☞ -지 않을까 하다は「〜ではないかと思う」という推量を表す表現。

6-1 イラストを見て，気づいたことを −네요を用いて言ってみましょう。

①  ②  ③

④  ⑤  ⑥

例 비가 오네요/내리네요.

6-2 −ㄹ/을 수 있겠어요?と −아/어 보고 싶어요を用いて， A：「〜られそうですか」， B：「はい，〜して
てみたいです」という会話の練習をしましょう。

① 바쁜데 만나다　　② 차이점을 설명하다　　③ 꽃을 기르다
④ 연극을 하다　　　⑤ 독서 모임에 참가하다　⑥ 동물을 기르다
⑦ 시합에서 이기다　⑧ 어학연수를 가다　　　⑨ 술을 끊다
⑩ 직업을 바꾸다　　⑪ 초등학생을 지도하다　⑫ 自由に

例 A：바쁜데 만날 수 있겠어요?
　 B：네. 만나 보고 싶어요.

6-3 −ㄹ/을까 해요と −아/어서요の語句を用いて，「〜しようかと思ってます。〜なので」と言ってみま
しょう。

① 알바를 그만두다 / 너무 멀다　　　② 일찍 집에 가다 / 힘들다
③ 술을 끊다 / 건강이 안 좋다　　　　④ 집에서 하루 쉬다 / 피곤하다
⑤ 개를 기르다 / 제가 동물을 좋아하다　⑥ 병원에 가 보다 / 등이 아프다
⑦ 돈을 찾다 / 사고 싶은 게 있다　　　⑧ 돈을 벌다 / 용돈이 좀 모자라다

例 알바를 그만둘까 해요. 너무 멀어서요.

6-4 −(이)라서 −으면 좋겠어요를用いて,「〜ので〜したらいいなと思います」と言ってみましょう。

① 의미 있는 일이다 / 좀 도와주다　② 쉬는 날이다 / 미술관에 가다

③ 비싼 것이다 / 아버님께 드리다　④ 좋은 직장이다 / 같이 일하다

⑤ 첫 번째 팬미팅이다 / 꼭 가다　⑥ 유명한 곳이다 / 한번 가 보다

⑦ 중요한 일이다 / 함께 가 주다　⑧ 안 배운 표현이다 / 사전을 찾아보다

例 의미있는 일이라서 좀 도와주면 좋겠어요.

6-5 音声を聞いて対話文を完成させ, ペアで会話の練習をしましょう。

아르바이트가 힘들지 않나요?
①(　　　　　　　)이나 하면

마이

좀 힘들지만 그래도 용돈도 벌 수 있고
배우는 것도 많아서 좋아요.

정우

마이 씬 일본에서 어떤 알바를 했어요?

마이

전 (②　　　　　　　) 그리고 극장.
극장이 제일 재미있었어요.

마이

정우

1학년 때?

네.

마이

6-6 音声を聞いて 6-5 と内容が合っていれば○を, 合っていなければ×を付けましょう。

① (　　　　)

② (　　　　)

③ (　　　　)

④ (　　　　)

-아/어と共に使われるさまざまな補助動詞について見てみましょう。

□ -아/어 주다　～してくれる/あげる

성함을 여기에 적어 주세요.　　　お名前をここに書いてください。

내가 여동생한테 가방을 사 줬어요.　私が妹にカバンを買ってあげました。

□ -아/어 드리다　～して差し上げる, お/ご～する

지금 만들어 드리면 어때요?　　　今作って差し上げたらどうですか。

일정을 알려 드리겠습니다.　　　　日程をお知らせします。

□ -아/어 보다　～してみる

맛있으면 시켜 봅시다.　　　　　おいしかったら, 注文してみましょう。

아버님한테 부탁해 봐요.　　　　お父さまに頼んでみましょう。

어머님한테는 이야기해 봤어요.　　お母さまには話してみました。

☞ -아/어 봤다 (～してみた) で「～したことがある」という経験を表すこともあります。

　　例 서울에 가 봤어요?　ソウルに行ったことはありますか。

□ -아/어 가다/오다　～していく/くる

케이크를 사 갈까요?　　　　　　ケーキを買っていきましょうか。

귤을 좀 사 오세요.　　　　　　みかんを少し買ってきてください。

10년간 빵을 만들어 왔어요.　　　10年間パンを作ってきました。

☞ 걷다 (歩く), 뛰다 (走る) などの移動動詞＋아/어 가다/오다は普通くっつけて아/어가다/오다と書きます。ですから, 걸어가다で「歩いていく」, 뛰어오다で「走ってくる」になります。

　　なお, -고 가다/오다は「～して (それから) 行く/くる」という意味です。

　　例 밥을 먹고 가요.　ご飯を食べていきましょう。

　　　밥을 먹고 오세요.　ご飯を食べてきてください。

□ -아/어 있다　～している

떡볶이에 들어 있는 달걀.	トッポッキに入っているたまご
창문이 열려 있네요.	窓が開いています。
서 있지 말고 앉으세요.	立っていないで座ってください。

☞ -아/어 있다は動作が終わりその状態が継続していることを表す表現です。なお, 目上の人には-아/어 계시다 (～していらっしゃる) を使います。

　　例 할아버지가 앉아 계세요.　祖父が座っていらっしゃいます。

저는 모자를
쓰고 있어요.

☞ ただし, 입다 (着る), 신다 ([くつを] 履く), 쓰다 ([帽子を] かぶる, [メガネを] かける) などの着用動詞や, 알다, 모르다などの認知動詞は -고 있다で状態を表します。

　　例 안경을 쓰고 있는 여성.　メガネをかけている女性。
　　　엄마도 알고 있었어요?　お母さんも知っていましたか。

□ -아/어 버리다　～してしまう

케이크를 다 먹어 버렸어.	ケーキを全部食べてしまったの。
옛날 일을 말해 버렸어요.	昔のことを言ってしまいました。

☞ -아/어 버리다はふつう分かち書きをしますが, 잊어버리다 (忘れてしまう) , 잃어버리다 (失くしてしまう) などは ひとつの単語として扱われ, くっつけて書きます。

□ -아/어 놓다　～しておく

불을 켜 놓고 나왔어요.	明かりをつけっぱなしにして (←つけておいて) 出てきました。
약속을 해 놓고 잊어버렸어요.	約束をしておいて忘れてしまいました。

□ -아/어 두다　～しておく

비행기 표는 벌써 사 두었어.	飛行機のチケットはすでに買っておいたよ。
돈은 은행에 넣어 두었지.	お金は銀行に入れておいたよ。

☞ -아/어 두다には「前もって～しておく」「きちんと保管しておく」というニュアンスがあります。なお, 「おいておく」 は놓아 두다と言います。

今日からセールだそうです。

学習目標：ショッピングについて話す。「〜ようだ」「〜だそうだ」「〜しなければならない」「〜しそうだ」「〜してみてもいい」「〜だから」の表現を使ってみる。

 7 1 まいは久しぶりに百貨店に出かけました。

마이 ❶ 평소보다 사람들이 많은 것 같네요. 기말 시험은 끝났죠?

수빈 ❷ 네. 끝났어요. 여기 백화점이 오늘부터 세일이래요.

마이 ❸ 진짜? 쇼핑부터 하고 점심 먹을까요? 아침을 늦게 먹어서요.

수빈 ❹ 그렇죠. 내가 이 근처 맛집을 검색해 왔어요.

❺ 초밥하고 중국 요리가 유명한 집이 있는데, 뭐 먹고 싶어요?

마이 ❻ 오랜만에 초밥을 먹을까요?

수빈 ❼ 좋아요. 초밥집은 예약을 하지 않으면 안 돼요.

❽ 일단 예약해 놓고 2층 잡화 코너에 가 봐요.

❾ 엄마 생일 선물을 사야 하거든요. 뭐가 좋을까.

마이 ❿ 선물 고르는 게 가장 어려워요.

単語と表現

□ 평소〔平素〕　ふだん, 平常

□ 기말　期末

□ 백화점[배콰점]　百貨店, デパート

□ 세일　セール

□ 근처〔近処〕　近く, 近所

□ 맛집[-찝]　美味しい店

□ 검색(하)　検索

□ -아/어 오다　〜してくる

□ 초밥　寿司

□ 중국 요리[-궁뇨-]　中国料理

□ 유명하다　有名だ

□ 예약(하)　予約

□ 일단[-딴]　一旦, ひとまず

□ -아/어 놓다　〜しておく

□ 잡화[자파]　雑貨

□ 코너　コーナー

□ 고르다〈르〉　選ぶ

□ 가장　最も, いちばん

聞き取り力 check! 🎧

1) 마이는 기말 시험이 끝났나요?

2) 이 백화점은 언제부터 세일이래요?

3) 점심으로 뭘 먹기로 했나요?

4) 식당을 예약하고 수빈이는 뭘 하려고 해요?

❾の뭐가 좋을까는
「独り言」なんだ。

言ってみよう　表現を入れ替えて言ってみましょう。

1 평소보다 사람들이 많**은 것 같네요.**
　　선물로는 지갑이 좋다
　　나보다 나이가 어리다
　　부부가 다 교사이다

☞ 形容詞・指定詞の現在連体形(ㄴ/은)+것 같다で「〜ようだ」。様子や推量などに用いますが，自分の考えを遠回しに表現する時の「〜と思う」に当たる表現としてもよく使われます。ㄹ語幹形容詞はㄹが落ちて-ㄴ 것 같아요が付きます。　例 긴 것 같아요.

2 여기 백화점이 오늘부터 세일이**래요.**
　　이 근처에서 유명한 가게(이)다
　　쇼핑 계획을 세운 건 아니다
　　올해는 원피스가 유행이다

☞ 指定詞の語幹+래요で「〜だそうです」。この -(이)래요は -(이)라고 해요の縮約形です。母音終わりの名詞の後では이다の이が縮約されます。　例 유명한 가게래요.

3 초밥집은 예약을 하**지 않으면 안 돼요.**
　　바로 연락을 드리다
　　일단 의견을 모으다
　　늘 건강에 주의하다

☞ -지 않으면 안 되다で「〜しなければならない」。既習の -아/어야 하다/되다に置き換えられます(⇒33頁)。

수빈 ❶ 저기 저 초록색 원피스, 진짜 예쁘다.

마이 ❷ 여름에는 원피스가 최고죠. 흰색도 예쁘네요.

　　❸ 마음에 들면 입어 봐요. 잘 어울릴 것 같아요.

수빈 ❹ 저기, 이거 입어 봐도 돼요?

점원 ❺ 그럼요. 두 개 다 입어 보세요. 디자인이 좀 달라요.

수빈 ❻ (着替えて) 색깔은 초록색, 디자인은 흰색이 마음에 드네요.

점원 ❼ 두 개 다 잘 어울리세요. 길이도 딱 좋네요.

　　❽ 계산은 이쪽입니다. 백화점 카드면 10퍼센트 할인돼요.

수빈 ❾ 네. 초록색으로 주세요. 마이 씬 뭐 살 거예요?

마이 ❿ 세일이니까 발이 편한 운동화를 하나 살까 싶어요.

単語と表現　⚫ 37

□초록색[--쌕]〔-色〕　緑色　　　　　□색깔　色 (색)

□원피스　ワンピース　　　　　　　□길이　長さ

□예쁘다〈으〉　かわいい, きれいだ　□딱　ちょうど, ぴったり

□최고　最高　　　　　　　　　　　□계산(하)　計算, 勘定, お会計

□흰색[힌-]〔-色〕　白色　　　　　□카드　カード

□마음에 들다　気に入る　　　　　□퍼센트　パーセント

□어울리다　似合う　　　　　　　□할인　割引

□디자인　デザイン　　　　　　　□편하다〔便--〕　楽だ, 便利だ

□다르다〈르〉　異なる, 違う　　　□운동화　運動靴, スニーカー

広がる表現力！　買い物

다른 사이즈는 없어요?　　한 사이즈 작은/큰 건 없어요?
딱 맞아요/좋아요.　　　　이걸로 주세요.

聞き取り力 check!

1) 수빈이는 어떤 원피스를 입어 봤나요?

2) 백화점 카드가 있으면 몇 퍼센트 할인이래요?

3) 수빈이는 무슨 색의 원피스를 샀나요?

4) 마이는 뭘 사려고 하나요?

言ってみよう 表現を入れ替えて言ってみましょう。

1 원피스가 잘 어울릴 **것 같아요.**
　　　이런 모양이 좋다
　　　검은색이 더 낫다
　　　생각보다 비싸다

　☞ -ㄹ/을 것 같다で「〜しそうだ」。ㄹ語幹はㄹが落ちて-ㄹ 것 같다が付きます。　例 울 것 같아요.

2 초록색 원피스 입**어 봐도 돼요?**
　　　검은색 모자 쓰다
　　　다른 안경도 쓰다
　　　저 운동화를 신다

　☞ -아/어 봐도 되다で「〜してみてもいい」。-아/어 보다 (〜してみる) に, -아/어도 되다 (〜してもいい⇒41頁) が結合した表現。

3 지금 세일이**니까** 운동화를 하나 살까 싶어요.
　　　가격이 싸다
　　　걷기를 하다
　　　용돈을 받다

　☞ -(으)니까는, 理由 (〜だから) や確定条件 (〜したら/〜すると) を表す接続語尾。理由の後に命令や勧誘文, -ㄹ/을까요?などが続く場合は必ずこの -(으)니까を用いなければなりません。確定条件の用法については⇒69, 73頁

7-1 −ㄴ/은 것 같아요를 用いて対話文を完成させ，発音してみましょう。

例 A : 오늘은 사람이 (적다 → **적은 것 같아요**).
　　B : 월요일이잖아요.

① A : 전 검은색보다 좀 밝은 색이 (낫다 → 　　　　　　　　).
　　B : 그럼 그거 입어 볼까요?
② A : 이 색깔이 가장 (예쁘다 → 　　　　　　).
　　B : 좀 어두운 색도 괜찮네요.
③ A : 그건 어린이날 선물이 (아니다 → 　　　　　).
　　B : 그럼 뭐예요?
④ A : 이 운동화가 걷기 (편하다 → 　　　　　).
　　B : 저도 신어 봐도 돼요?

▷ −기 편하다で「〜しやすい」

7-2 −ㄹ/을 것 같아요と−지 않으면 안 돼요를 用いて，「〜しそうです」「〜しなければなりません」と言ってみましょう。

---

① 비가 오다 / 우산을 가져가다　　② 아파서 죽다 / 빨리 병원에 가다
③ 어린이가 울다 / 부모님이 오다　　④ 길을 잃다 / 지도를 확인하다
⑤ 어른들이 놀라다 / 사실을 말하다　　⑥ 생활이 어렵다 / 도와주다
⑦ 돈이 모자라다 / 돈을 찾다　　⑧ 지각하다 / 지금부터 뛰어가다

例 비가 **올 것 같아요**. 우산을 가져가**지 않으면 안 돼요**.

7-3 −아/어 봐도 돼요?と−아/어 보세요를 用いて，A :「〜してみてもいいですか」，B :「はい，〜してみてください」という会話の練習をしましょう。

---

① 운동화를 신다　　② 검은색 코트를 입다　　③ 짧은 바지를 입다
④ 흰색 모자를 쓰다　　⑤ 안경을 쓰다　　⑥ 긴 치마를 입다
⑦ 목걸이를 하다　　⑧ 우산을 펴다　　⑨ 작은 가방을 들다
⑩ 귀걸이를 하다　　⑪ 신(=신발)을 신다　　⑫ 自由に

例 A : 운동화를 신**어 봐도 돼요**?
　　B : 네. 신**어 보세요**.

7-4 −(으)니까 − ㄹ/을까 싶어요を用いて,「〜だから〜しようかと思います」と言ってみましょう。

> ① 시간이 있다 / 사진이나 찍다　　② 자리가 비어 있다 / 앞쪽에 앉다
>
> ③ 마음에 들다 / 양복을 한 벌 사다　④ 빈방이 있다 / 하룻밤 자고 가다
>
> ⑤ 야채가 무척 싸다 / 좀 사 가다　　⑥ 별로 안 비싸다 / 하나 더 사다
>
> ⑦ 용돈을 받았다 / 신발이나 사다　　⑧ 일이 끝났다 / 홍차나 한 잔 하다

例 시간이 있으니까 사진이나 찍을까 싶어요.

7-5 音声を聞いて対話文を完成させ, ペアで会話の練習をしましょう。 🎧 38

수빈: 엄마 생일 선물로 지갑을 살까 하는데 어느 게 좋아요? 밝은 색보다 검은색이 낫겠죠?

마이: 두 개 다 괜찮은 것 같아요. 근데 검은색은 (① 　　　　　　　　　　).

수빈: 어? 그러네.

마이: 여기, 좀 디자인이 다른 검은색은 세일인 것 같아요.

수빈: 그래요? 근데 가격 차이가 별로 없으니까 (② 　　　　　　　　　　).

7-6 音声を聞いて 7-5 と内容が合っていれば○を, 合っていなければ×を付けましょう。 🎧 39

① (　　　　)

② (　　　　)

③ (　　　　)

④ (　　　　)

3泊4日ぐらいでいかがですか。

学習目標：旅行計画を立てる。「〜する前だ」「〜したほうがいい」「〜したらどうですか」「〜だからそうなのか」「〜しないでください」「〜してもいいでしょうか」の表現を使ってみる。

8 1 まいたちは夏休みの旅行計画を立てています。

정우 ❶ 여름 방학 때 다 같이 남쪽 섬에 놀러 갈래요?

❷ 8월 셋째 주, 3박 4일 정도 어떨까요?

겐타 ❸ 그 일정이라면 난 좋아요. 마이 씬 어때요?

마이 ❹ 2학기가 시작되기 전이니까 저도 괜찮아요.

정우 ❺ 배로 가면 제가 부모님 자동차를 빌릴 수 있어요.

❻ 비행기로 가면 현지에서 차를 빌리는 게 좋겠어요.

겐타 ❼ 그럼 비행기로 가면 어때요?

마이 ❽ 저도 국제 운전면허가 있으니까 운전할 수 있어요.

정우 ❾ 그럼 비행기는 각자 예약하고, 렌터카는 제가 알아보죠.

겐타 ❿ 호텔은 제가 일정에 맞춰서 찾아볼게요.

単語と表現

□ 남쪽〔南-〕 南側, 南の方	□ 부모(님)〔父母〕 両親, 親
□ 섬 島	□ 자동차 自動車, 車
□ 셋째 주[--쭈] 第3週	□ 빌리다 借りる
□ -박 〜泊 ▶3박 4일	□ 현지 現地
□ 어떻다〈ㅎ〉 どのようだ, どうだ	□ 운전면허 運転免許
□ 일정[-쩡] 日程	□ 각자[-짜] 各自, 各々
□ -학기[-끼] 〜学期	□ 렌터카 レンタカー
□ 시작되다[--뙤-] 始まる	□ 알아보다 調べる
□ 배 舟, 船	□ 맞추다 合わせる, 当てる

聞き取り力 *check!*

1) 마이와 친구들은 어디로 여행을 가나요?

2) 여행 일정은 몇 박 며칠인가요?

3) 마이는 한국에서도 운전할 수 있나요?

4) 현지에서 자동차를 빌리는 건 누가 알아보나요?

言ってみよう 表現を入れ替えて言ってみましょう。

1 2학기가 시작되**기 전이**니까 괜찮아요.
  날짜를 정하다
  고향을 떠나다
  아직 출발하다

☞ -기 전이다で「〜する前だ」。-기 전에 (〜する前に) もよく使われます。

2 현지에서 차를 빌리**는 게 좋겠어요.**
  빌린 건 돌려주다
  반드시 말씀드리다
  미리 날짜를 잡다

☞ -는 게 좋겠다で「〜したほうがよさそうだ」。-는 게 좋다 (〜したほうがよい) に，推量を表す-겠が付いた表現。アドバイスや自分の意見を言うときによく使われます。

3 그럼 비행기로 가**면 어때요?**
  작은 가방을 들다
  싼 호텔을 잡다
  선글라스를 쓰다

☞ -(으)면 어때요?で「〜したらどうですか」。目上の人には -(으)면 어떠세요? (〜したらいかがでしょうか)，
  -(으)시면 어떠세요(〜なさったらいかがでしょうか) を使います。
  例 비행기로 가시면 어떠세요?

마이 ❶ 휴가철이 거의 끝나서 그런지 관광객들이 별로 없네요.

정우 ❷ 좀 이른 시간이라서 그런 것 같아요.

　　 ❸ 한두 시간 지나면 관광객들이 많이 올 거예요.

겐타 ❹ 역시 차가 있으니까 편리하네요.

　　 ❺ 다음 목적지까진 거리가 꽤 멀어서 30분쯤 걸리겠어요.

마이 ❻ 정우 씨, 시간은 충분하니까 너무 빨리 달리지 마세요.

겐타 ❼ 안전 운전 부탁합니다.

정우 ❽ 네. 이따가 배 타기 전에 잊지 말고 다 같이 사진 한 장 찍어요.

겐타 ❾ 아, 배 타고 갈 때 가능하면 영상을 찍어도 될까요?

정우 ❿ 전 괜찮아요.

単語と表現　　　　　　　　　　　　　　　43

□ 휴가철　休暇シーズン

□ 관광객　観光客

□ 별로〔別-〕　さほど, 別に

□ 이르다〈르〉　(時間が) 早い

□ 지나다　過ぎる, (時が) 経つ

□ 역시[-씨]　やはり, さすが

□ 편리하다[펼-]　便利だ

□ 목적지[-쩍찌]　目的地

□ 거리②　距離

□ 꽤　ずいぶん, かなり

□ 충분하다　充分だ

□ 빨리　速く, 早く

□ 달리다　走る, 走らせる

□ 안전　安全

□ -기 전에　～する前に

□ 잊다[읻따]　忘れる

□ -지 말고　～せず(に), ～しないで

□ 가능하다　可能だ

広がる表現力！　ㅎ変則

이렇다 (こうだ)・그렇다 (そうだ)・저렇다 (ああだ)・어떻다 (どうだ) などはㅎ変則用言です。

・아/어がつく時：ㅎと語幹の母音が脱落, ㅏ/ㅓ →ㅐ　　例 어떻+어요⇒ 어때요 ?

・으がつく時　：ㅎと으が共に脱落　　　　　　　　　例 어떻+을까요 ⇒ 어떨까요?

なお, 이런, 그런, 저런, 어떤の辞書型も이렇다・그렇다・저렇다・어떻다です。

1) 다음 목적지까지는 시간이 얼마나 걸려요?

2) 운전은 누가 하고 있나요?

3) 언제 사진을 찍을 예정인가요?

4) 겐타는 영상은 언제 찍으려고 해요?

言ってみよう　表現を入れ替えて言ってみましょう。

4 휴가철이 거의 끝나**서 그런지** 관광객들이 별로 없네요.
　　　　날씨가 덥다
　　　　기온이 높다
　　　　휴일이 아니다

☞ -아/어서 그런지で「〜だからそうなのか」。 指定詞には, -(이)라서 그런지の形がよく使われます。

5 너무 빨리 달리**지 마세요**.
　　　이유를 묻다
　　문자를 보내다
　　　말을 시키다

☞ -지 마세요で「〜しないでください」。禁止の -지 말다 (〜しない) に, 命令の -세요 (〜してください) がついた表現。해요体の지 마요/말아요もよく使われます。

6 제가 영상을 찍**어도 될까요**?
　　집에 다녀오다
　　여행을 떠나다
　　좀 천천히 걷다

☞ -아/어도 될까요?で「〜してもいいでしょうか」。許可の -아/어도 되다 (⇒41頁) に, 問い合わせの -ㄹ/을까요がついた表現。

練習コーナー

8-1 -(으)면 어때요?と-는 게 좋겠어요를 用いて,「〜したらどうですか」「〜したほうがよさそうです」と言ってみしましょう。

① 차를 빌리다　② 빌린 건 돌려주다　③ 2박 3일로 하다
④ 모자를 쓰다　⑤ 선글라스를 쓰다　⑥ 카메라를 가져가다
⑦ 우산을 쓰다　⑧ 짐을 싸다　⑨ 운전면허를 따다
⑩ 배를 타고 가다　⑪ 짐을 미리 보내다　⑫ 自由に

例　차를 빌리면 어때요? 차를 빌리는 게 좋겠어요.

8-2 -아/어서 그런지를 用いて対話文を完成させ，発音してみましょう。

例　A : 점심 때가 (지나다 → 지나서 그런지) 차가 많네요.
　　B : 그럼 조심해서 다녀오세요.

① A : 오랜만에 (운전하다 →　　　　　　　　　) 좀 피곤하네요.
　 B : 수고 많으셨어요.
② A : 길이 (좁다 →　　　　　　　　　) 운전하기 힘들었어요.
　 B : 정말 수고했어요.
③ A : 음식이 좀 (짜다 →　　　　　　　　　) 물을 많이 마셨어요.
　 B : 그렇지요? 저도 좀 짰어요.
④ A : 하루종일 (걷다 →　　　　　　　　　) 벌써 졸려요.
　 B : 전 갈게요. 안녕히 주무세요.

8-3 -(으)니까 -지 마세요를 用いて,「〜だから〜しないでください」と言ってみましょう。

① 건물 안이다 / 초등학생들은 뛰다　② 손가락이 아프다 / 손을 잡다
③ 설명 못 하다 / 이유를 묻다　④ 사람들이 많다 / 여기서 싸우다
⑤ 말하고 싶지 않다 / 말을 걸다　⑥ 일이 바쁘다 / 말을 시키다
⑦ 시간이 없다 / 절대로 늦다　⑧ 부장님이 싫어하다 / 찾아오다

例　건물 안이니까 초등학생들은 뛰지 마세요.

8-4 －아/어도 될까요?と－(으)시면 안 돼요を用いて、「～してもいいでしょうか」「～なさってはいけません」という会話の練習をしましょう。

---

① 담배를 피우다　　② 계단에 앉다　　③ 고춧가루를 사 오다

④ 여기에 집을 짓다　　⑤ 전화를 끊다　　⑥ 머리를 짧게 깎다

⑦ 머리를 감다　　⑧ 여기에 자동차를 세우다　　⑨ 값을 깎다

⑩ 지금 결정을 내리다　　⑪ 차례를 안 지키다　　⑫ 自由に

例 A : 담배를 피워도 될까요?

B : 담배를 피우시면 안 돼요.

8-5 音声を聞いて対話文を完成させ、ペアで会話の練習をしましょう。

정우

일본에서 부모님이 오시면 (①　　　　　　)
기차 타고 갈 데를 알아보고 있어요.

마이

기차 여행?

우리 아빠가 기차를 좋아하거든요.

정우

그건 수빈이가 잘 알 거예요.
수빈이가 기차 여행을 많이 다녔거든요.

마이

네. 수빈 씨한테 물어볼게요. 시내 관광은
(②　　　　　　　　　　).

8-6 音声を聞いて 8-5 と内容が合っていれば○を、合っていなければ×を付けましょう。

① (　　　　)

② (　　　　)

③ (　　　　)

④ (　　　　)

▷ 에 대해 ～について

もっと知りたい！ ㄹ語幹用言（リウル）

살다（住む）・만들다（作る）・길다（長い）など，語幹（基本形から다を除いた部分）末にㄹがある用言のことをㄹ語幹用言といいます。ㄹ語幹用言は，「ㅂ」「시」「ㄴ」と「ㄹ」で始まる語尾がつく時にㄹが脱落します。具体的には次のような場合です。

・ㅂ ➡ ㅂ니다, ㅂ니까?, ㅂ시다（〜しましょう）

・시 ➡（尊敬の시がつく）십니다, 십니까?, 세요 など

・ㄴ ➡ ㄴ（連体形）, 는（連体形）, 니까, 네요, ㄴ다（한다体）, ㄴ다고（引用・伝聞）など

・ㄹ ➡ ㄹ（連体形）, ㄹ 때, ㄹ까(요), ㄹ래(요), ㄹ게(요), ㄹ 수 있다 など

	-ㅂ니다 〜ます 〜です	-세요? 〜していらっ しゃいますか	-ㄹ까요? 〜しましょうか 〜でしょうか	-는, ㄴ 現在連体形	-니까 〜だから 〜したら
살다 住む	삽니다	사세요	살까요?	사는	사니까
길다 長い	깁니다	기세요	길까요?	긴	기니까
열다 開く					
벌다 稼ぐ					
달다 甘い					
힘들다 つらい					
들다 持つ					
늘다 増える					

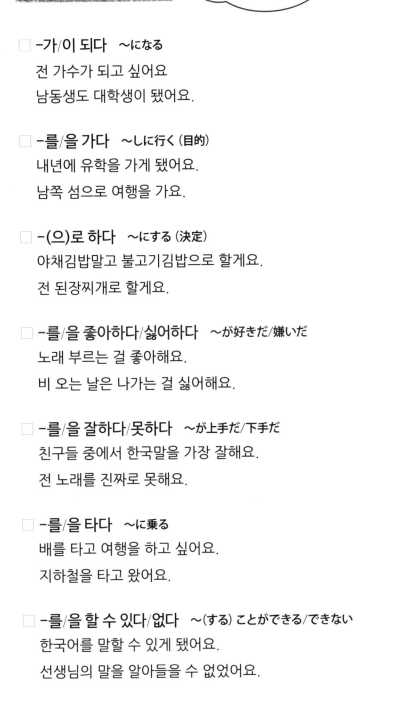

もっと 知りたい！

間違いやすい
助詞

□ -가/이 되다　～になる
　전 가수가 되고 싶어요
　남동생도 대학생이 됐어요.

□ -를/을 가다　～しに行く（目的）
　내년에 유학을 가게 됐어요.
　남쪽 섬으로 여행을 가요.

□ -(으)로 하다　～にする（決定）
　야채김밥말고 불고기김밥으로 할게요.
　전 된장찌개로 할게요.

□ -를/을 좋아하다/싫어하다　～が好きだ/嫌いだ
　노래 부르는 걸 좋아해요.
　비 오는 날은 나가는 걸 싫어해요.

□ -를/을 잘하다/못하다　～が上手だ/下手だ
　친구들 중에서 한국말을 가장 잘해요.
　전 노래를 진짜로 못해요.

□ -를/을 타다　～に乗る
　배를 타고 여행을 하고 싶어요.
　지하철을 타고 왔어요.

□ -를/을 할 수 있다/없다　～(する) ことができる/できない
　한국어를 말할 수 있게 됐어요.
　선생님의 말을 알아들을 수 없었어요.

37頁 練習 の答え

① 지었어요　　② 지으려고 해요/지으려고요　　③ 걸어야 돼요/해요　　④ 더워서
⑤ 아름다웠어요　　⑥ 좁아서　　⑦ 써　　⑧ 따라　　⑨ 모르는

面倒くさい時は出前を取ったりもします。

学習目標：一人暮らしについて話す。「～したりする」「～(する)のに」「～ようだ」「～するつもりだ」
「～してくれませんか」「～してみたら」の表現を使ってみる。

 賢太が住んでいるワンルームには家具や家電製品が付いているそうです。

정우 ❶ 겐타 씨 집엔 가구와 가전제품이 있나요?

겐타 ❷ 네. 침대랑 책상이 있고, 냉장고, 그릇 같은 것도 있어요.

❸ 방 크기는 적당한데, 냉장고가 너무 작아요.

정우 ❹ 그럼 식사는 집에서 직접 해 먹어요?

겐타 ❺ 직접 해 먹기도 하고, 귀찮을 땐 가끔 시켜 먹기도 해요.

❻ 아, 쉬는 날에 친구랑 맛집 투어를 하기로 했어요.

정우 ❼ 맛집 투어? 재미있겠다. 나중에 영상 올려 주면 볼게요.

❽ 그러면 혼자 생활하는 데 불편하지는 않겠네요.

겐타 ❾ 세탁기가 없어서 빨래방을 이용하는데, 그게 좀 불편해요.

정우 ❿ 원룸에는 세탁기가 거의 없는 것 같아요.

単語と表現

□ 가구　家具	□ 귀찮다[-찬타]　面倒くさい
□ 가전제품　家電製品	□ 가끔　たまに, 時々
□ 침대　ベッド, 寝台	□ 시켜 먹다　出前を取る
□ 냉장고　冷蔵庫	□ 맛집 투어　食べ歩き ▶맛집
□ 그릇　器, 食器 ▶밥그릇	□ 불편하다　①不便だ ②体調が悪い
□ 크기　大きさ, サイズ	□ 세탁기　洗濯機
□ 적당하다[-땅--]　適当だ	□ 빨래방〔--房〕　コインランドリー
□ 직접[-쩝]　直接, 自分で	□ 이용(하)　利用
□ 해 먹다　作って食べる	□ 원룸[원눔]　ワンルーム

聞き取り力 check!

1) 겐타가 사는 집에는 어떤 가구와 가전제품이 있나요?

2) 겐타는 밥을 직접 해 먹나요?

3) 겐타는 쉬는 날에 뭘 하기로 했나요?

4) 겐타가 불편하게 생각하는 점은 무엇인가요?

言ってみよう 表現を入れ替えて言ってみましょう。

1 **귀찮을 땐 가끔 시켜 먹기도 해요.**
　　쉬는 날엔 놀러 가다
　　직접 도시락을 싸다
　　가끔 손빨래를 하다

☞ -기도 하다는 「～したりする」「～(する)こともある」に当たる表現。名詞＋이기도 하다は「～でもある」という意味です。　例 교수님은 소설가이기도 해요.

2 **그러면 혼자 생활하는 데 불편하지는 않겠네요.**
　　부엌에서 요리하다
　　셋이서 함께 살다
　　혼자서 여행하다

☞ -는 데 불편하지는 않겠다で「～(する)のに不便ではなさそうだ」。-는 데は「～(する)のに」という目的を表す表現です。分かち書きに注意しましょう。くっつけて書く-는데については⇒27頁。なお、ㄹ語幹動詞はㄹが落ちて-는 데が付きます。　例 함께 사는 데

3 **원룸에는 세탁기가 거의 없는 것 같아요.**
　　빨래방이 여기저기 있다
　　2층에서 청소를 하다
　　맛있는 냄새가 나다

☞ 動詞・存在詞の現在連体形(는)＋것 같다で「～ようだ」。ㄹ語幹動詞はㄹが落ちて-는 것 같아요が付きます。　例 만드는 것 같아요.

마이 **❶** 이 접시, 예쁘죠? 지난번에 유학생이 귀국할 때 그릇을 몇 개

　　　　얻어 왔어요. 자취를 하니까 물건만 늘어요.

수빈 **❷** 나중에 자취하는 유학생에게 주면 되잖아요.

마이 **❸** 저도 그럴 생각이에요. 딸기 먹을래요?

수빈 **❹** 와, 맛있겠다. 그 예쁜 접시에 담아 주면 안 돼요?

　　　❺ (食べてみて) 참 달고 맛있네요. 이 딸기, 어디서 샀어요?

마이 **❻** 학교 앞 슈퍼. 가격도 싸고, 먹어 보니까 맛있는 것 같아요.

수빈 **❼** 슈퍼도 자주 이용하는 편인가요?

마이 **❽** 아니, 가끔요. 보통은 편의점을 이용해요.

　　　❾ 편의점이 가깝기도 하고 더 편리해서요.

単語と表現　　　　　　　　　　　　　　　　　　　　

□ 접시 [-씨]　皿　　　　　　　　□ 담다 [-따]　盛る, 入れる

□ 귀국 (하)　帰国　　　　　　　　□ 참 (으로)　本当に, 誠に

□ 얻다　もらう, 得る　　　　　　□ 달다　甘い　▶단맛

□ 자취 (하)　自炊　　　　　　　　□ 슈퍼 (마켓)　スーパー

□ 물건 〔物件〕　物, 品物　　　　□ 가격　価格, 値段

□ -만　～さえ, だけ, ばかり　　　□ 자주　しょっちゅう, しばしば

□ 늘다　増える, 上達する　　　　□ -는 편이다　～(する) ほうだ

□ 그러다　そうする, そう言う　　□ 보통　普通, 普段

□ 딸기　イチゴ　　　　　　　　　□ 편의점 〔便宜店〕 [펴니-]　コンビニ

広がる表現力！　　얻다와 받다

Q : ①의 얻어 오다의 것입니다만, 받아 오다でもいいですか?

A : 얻다와 받다のどちらも「もらう」という意味ですが, 얻다には「ただでもらう」とい意味合いがあります。
　　一方, 받다には「受け取る, 受ける」という意味があり, ①の文脈では얻어 오다でなければなりません。
　　-아/어 오다については⇒50頁。

聞き取り力 *check!*

1) 마이는 귀국하는 유학생한테 뭘 얻어 왔나요?

2) 마이는 얻어 온 그릇을 나중에 어떻게 할 생각인가요?

3) 마이는 딸기를 어디서 샀나요?

4) 마이가 편의점을 자주 이용하는 이유는 무엇인가요?

言ってみよう 表現を入れ替えて言ってみましょう。

4 저도 그럴 **생각이에요.**
함께 살다
귤을 먹다
자취하다

☞ -ㄹ/을 생각이에요で「～(する)つもりです」。-ㄹ/을 생각이다で「～(する)つもりだ」は既習の-ㄹ/을 것
이다 (⇒27頁) に置き換えられます。なお，ㄹ語幹はㄹが落ちて-ㄹ 생각이다が付きます。
   例 함께 살 생각이에요/거예요.

5 예쁜 접시에 담**아 주면 안 돼요?**
큰 가방을 사다
라면을 끓이다
도시락을 싸다

☞ -아/어 주면 안 돼요?で「～してくれませんか」。-아/어 주다 (～してくれる/あげる) と-(으)면 안 돼요が結
合した表現。

6 제가 먹**어 보니까** 맛있**는 것 같아요.**
검색하다   없다
만나다   멋있다
마시다   맛없다

☞ -아/어 보니까で「～してみたら」。-아/어 보다 (～してみる) に，確定条件の「～したら」「～すると」の
-으니까が付いた表現。

9-1 −기도 해요를 用いて対話文を完成させ，発音してみましょう。

例 A : 점심은 학생식당에서 먹나요?

B : 편의점에서 (사 먹다 → **사 먹기도 해요**).

① A : 매일 이렇게 늦나요?

B : 아뇨. 알바가 없을 땐 일찍 집에 (들어가다 →   ).

② A : 매일 도시락을 싸나요?

B : 매일은 아니고, 일주일에 한두 번 (싸 가다 →   ).

③ A : 아빠는 요리를 안 하시나요?

B : 가끔 특별한 요리를 (만들어 주시다 →   ).

④ A : 빨래는 빨래방을 이용하나요?

B : 빨래방을 이용하기도 하고 손빨래를 (하다 →   ).

9-2 次の語句を用いて，A :「～(する)のにどれくらいかかりますか」，B :「～かかります」という会話の練習をしましょう。

---

① 소설 한 권 읽다 / 이틀 정도　　② 초급에서 중급까지 가다 / 1년

③ 14층까지 올라가다 / 5분쯤　　④ 여기까지 올라오다 / 약 30분

⑤ 1층까지 내려오다 / 10분　　⑥ 산에서 내려가다 / 약 두 시간

⑦ 엘리베이터를 타고 오다 / 2분　　⑧ 초등학교까지 가다 / 한 시간 반

例 A : 소설 한 권 읽는 데 얼마나 걸려요?

B : 이틀 정도 걸려요.

9-3 −아/어 주면 안 돼요?와 그러지 않아도 −ㄹ/을 생각이에요를 用いて，「～してくれませんか」「そうでなくても～するつもりです」と言ってみましょう。

---

① 햄버거를 만들다　　② 여행을 같이 가다　　③ 단어의 뜻을 가르치다

④ 라면을 끓이다　　⑤ 예쁜 그릇에 담다　　⑥ 우표를 붙이다 [부치다]

⑦ 딸기를 씻다　　⑧ 창문을 닦다　　⑨ 사실을 말하다

⑩ 치킨을 시키다　　⑪ 달력을 팔다　　⑫ 自由に

例 A : 햄버거를 만들어 주면 안 돼요?

B : 그러지 않아도 햄버거를 만들 생각이에요.

9-4 −(으)니까と−는(ㄴ/은) 것 같아요を用いて，「～したら，～ようです」と言ってみましょう。
(動詞・存在詞＋는 것 같다，形容詞・指定詞＋ㄴ/은 것 같다)

---

① 창밖을 보다 / 비가 오다　　② 길이를 재 보다 / 5센티 짧다

③ 얘기를 들어 보다 / 말이 안 되다　　④ 방에 들어가 보다 / 좀 좁다

⑤ 검색해 보다 / 자료가 있다　　⑥ 말하는 걸 보다 / 보통이 아니다

⑦ 이것저것 물어보다 / 싫어하다　　⑧ 만나 보다 / 나보다 어리다

例 창밖을 보니까 비가 오는 것 같아요.

길이를 재 보니까 5센티 짧은 것 같아요.

9-5 音声を聞いて対話文を完成させ，ペアで会話の練習をしましょう。 50

수빈

> 맛집 투어 영상 재미있게 봤어요.
> 어제 친구랑 그 가게에 갔다 왔어요.

겐타

> 정말? 치즈케이크가 정말 맛있었는데,
> 뭐 먹었어요?

수빈

> 우리도 치즈케이크랑 커피. 진짜 맛있었어요.
> 근데 사람이 많아서 (①　　　　　　　　　).

겐타

> 내가 갔을 땐 사람이 많지 않았는데.
> 가게가 좀 찾기 어렵지 않았나요?

수빈

> 길을 몰라서 찾는 데
> (②　　　　　　　　　).

9-6 音声を聞いて **9-5** と内容が合っていれば○を，合っていなければ×を付けましょう。 51

① (　　　　)

② (　　　　)

③ (　　　　)

④ (　　　　)

どうやら風邪をひいたようです。

学習目標：かぜの症状について話す。「〜したようだ」「〜したら〜でした」「〜してはいけない」
「〜しましょう」「〜ですねぇ」「〜しはしたけど」の表現を使ってみる。

 まいは, どうやら風邪をひいたようです。

마이 ❶ (電話で) 저기, 아무래도 제가 감기 걸린 것 같아요.

❷ 어젯밤부터 열도 좀 있고 어깨도 아파서 잠을 잘 못 잤어요.

정우 ❸ 진짜? 약은 먹었어요? 지금 열은 없어요?

마이 ❹ 어젠 39도였는데, 아침에 일어나서 재 보니까 37도였어요.

❺ 약은 어제 집에 있는 해열제를 먹었어요.

정우 ❻ 아이고, 요즘 독감이 유행이래요.

❼ 하루 이틀 푹 쉬는 게 어때요? 절대로 무리해서는 안 돼요.

마이 ❽ 오늘 독서 모임에 못 나가니까 잘 전해 주세요.

정우 ❾ 알았어요. 병원에 가 보는 게 좋겠어요.

마이 ❿ 병원에는 저녁에 가려고요. 걱정해 줘서 고마워요.

単語と表現

□ 저기(=저)　あのう	□ 독감[-깜]　インフルエンザ
□ 아무래도　どうも, どうやら	□ 유행이다　流行だ, はやる
□ 감기(에) 걸리다　風邪をひく	□ 하루　一日 (間)
□ 어젯밤[-젣빰]　昨夜	□ 이틀　二日 (間)
□ 열　熱　▶열이 나다	□ 푹　ゆっくり, ぐっすり
□ 어깨　肩	□ 절대로[-때-]　絶対に
□ -도　〜度 (°)	□ 무리(하)　無理　▶무리이다
□ 재다　測る　▶열을 재다	□ 전하다〔伝--〕　伝える
□ 해열제[-쩨]　解熱剤	□ 걱정(하)[-쩡]　心配

1) 마이의 감기 증상(症状)은 어떤가요?

2) 마이가 아침에 열을 재 보니까 몇 도였나요?

3) 마이는 어제 해열제를 먹었나요?

4) 마이는 병원에 언제 가려고 하나요?

言ってみよう　表現を入れ替えて言ってみましょう。

1 아무래도 감기에 걸린 **것 같아요**.
　　아파서 잠을 못 자다
　　바빠서 좀 무리하다
　　　새벽에 잠이 들다

☞ 過去連体形 (-ㄴ/은) ＋것 같다で「〜したようだ」。ㄹ語幹はㄹが落ちて-ㄴ 것 같다が付きます。
　　例 잠이 들다 寝入る → 잠이 든 것 같다

2 열을 재 보**니까**　　37도**였어요**.
　　눈을 뜨다　　아침 9시
　　잠이 깨다　　새벽 2시
　　술이 깨다　　생각나다

☞ 確定条件の-(으)니까は, -(으)니까 -았/었어요 (〜したら〜でした) の形でよく使われます。

3 절대로 무리**해서는 안 돼요**.
　　목욕을 하다
　　손으로 닦다
　　　또 다치다

☞ -아/어서는 안 되다で「〜してはいけない」。既習の-(으)면 안 되다と同じ意味です(⇒25頁)。

의사　❶ 어디가 안 좋으세요?

마이　❷ 저, 기침이 좀 나고 콧물도 심해서요. 목소리도 이상해요.

　　　❸ 어젯밤에는 열이 39도까지 올랐는데 지금은 괜찮아요.

의사　❹ 요새 독감이 유행이니까 우선 독감 검사부터 해 봅시다.

　　　❺ (検査後) 다행히 독감은 아니군요. 목이 좀 붓긴 했는데.

마이　❻ 몸이 좀 무겁고 피곤한데 그것도 감기 때문인가요?

의사　❼ 네. 감기 때문에 그럴 거예요.

　　　❽ 며칠 약을 먹어 보고 증세가 안 좋아지면 다시 오세요.

마이　❾ 알겠습니다. 감사합니다.

간호사 ❿ 약은 길 건너편 약국에서 받으세요.

単語と表現 55

□ 기침　咳
□ 콧물[콘-]　鼻水
□ 심하다〔甚--〕ひどい
□ 목소리[-쏘-]　声
□ 이상하다　おかしい, 変だ
□ 우선　まず, とりあえず
□ 검사(하)　<u>検査</u>
□ 다행히〔多幸-〕幸いに
□ 목　のど, 首

□ 붓다〈ㅅ〉腫れる, むくむ
□ 무겁다〈ㅂ〉重い, だるい
□ 피곤하다〔疲困--〕疲れている
□ 때문(에)　～のため, ～のせい(で)
□ 며칠　数日, 何日
□ 증세〔症勢〕症状
□ 좋아지다　よくなる
□ 건너편　向かい側　▶건너다 渡る
□ 약국[-꾹]　<u>薬局</u>

広がる表現力！ 病院

내과[-꽈]　<u>内科</u>
외과[-꽈]　<u>外科</u>
졸리다　眠い

약을 먹다　薬を飲む
땀이 나다　汗が出る
잠이 들다　寝入る

잠을 자다　寝る, 眠る
잠이 오다　眠くなる
잠이 안 오다　眠れない

1) 어젯밤에 마이는 열이 몇 도까지 올랐나요?

2) 마이는 병원에서 독감 검사를 했나요? 검사 결과는 어땠나요?

3) 몸이 무겁고 피곤한 이유는 무엇인가요?

4) 약은 어디서 받나요?

言ってみよう 表現を入れ替えて言ってみましょう。

4 독감 검사를 해 **봅시다**.
　　우선 설명을 듣다
　　　일은 하지 말다
　　　잠을 푹 자다

☞ -ㅂ/읍시다で「〜しましょう」。敬語の-(으)십시다もよく使われます。ㄹ語幹動詞はㄹが落ちて-ㅂ시다が付きます。　例 하지 맙시다.　しないでおきましょう。

5 다행히 독감은 아니**군요**.
　　기침을 많이 하다
　　휴가가 필요하다
　　건강이 좋아졌다

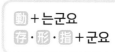

☞ -군요は,「〜ですねぇ」「〜ですなぁ」という感嘆を表す表現です。発音は「ㄴの挿入」により [군뇨] となります(⇒93頁)。過去形は品詞を問わず, -았/었군요です。
　　例 잠을 못 잤군요.

6 　목이 좀 붓**긴 했는데** 괜찮은 것 같아요.
　　땀이 좀 나다
　　잠을 못 자다
　　콧물이 나다

☞ -긴 했는데で「〜しはしたけど」。-기는/긴 하다は「〜するはする」「〜くはある」という表現です。

練習コーナー

10-1 ーㄴ/은 것 같아요 (～したようです) を用いて対話文を完成させ，発音してみましょう。

例 A：안녕히 주무셨어요?

B：잠이 안 와서 잠을 못 (자다 → 잔 것 같아요).

① A：다리가 (붓다 →   ).

B：아이고, 많이 부었네요.

② A：바빠서 좀 (무리하다 →   ).

B：하루 이틀 푹 쉬세요.

③ A：모양을 보니까 선수가 좀 (다치다 →   ).

B：네. 걱정이네요.

④ A：감기는 다 (낫다 →   ).

B：잘됐네요. 건강에 주의해야 돼요.

10-2 ー(으)니까 ー았/었어요を用いて，「～したら，～でした/ました」と言ってみましょう。

① 눈을 뜨다 / 점심때이다	② 미술관에 도착하다 / 오후 1시이다
③ 만나 보다 / 동아리 선배이다	④ 자고 일어나다 / 모든 게 이상하다
⑤ 열을 재 보다 / 열은 없다	⑥ 목소리를 듣다 / 그때 기억이 나다
⑦ 12시가 되다 / 배가 고프다	⑧ 눈을 감다 / 옛날 일이 생각나다

例 눈을 뜨니까 점심 때였어요.

10-3 ーㅂ/읍시다とー아/어서는 안 됩니다を用いて，「～しましょう」「～してはいけません」と言ってみましょう。

① 일찍 일어나다 / 늦잠을 자다	② 열심히 공부하다 / 시험에 떨어지다
③ 잘해 보다 / 문제가 생기다	④ 약속을 잘 지키다 / 약속을 잊어버리다
⑤ 다 드시다 / 요리를 남기다	⑥ 문제를 풀어 보다 / 같은 문제를 틀리다
⑦ 그날을 기억하다 / 절대로 잊다	⑧ 다시 한번 생각해 보다 / 방향을 잃다

例 일찍 일어납시다.

늦잠을 자서는 안 됩니다.

10-4 −(는)군요と−는 게 좋겠어요を用いて，「〜ですねぇ」「〜したほうがいいと思います」と言ってみましょう。

---

① 열이 있다 / 약을 먹다　　　　　　② 날이 춥다 / 따뜻한 차라도 드시다

③ 감기가 유행이다 / 조심하다　　　④ 잠을 못 주무시다 / 무리하지 않다

⑤ 문제를 다 풀었다 / 답을 맞춰 보다　⑥ 땀이 많이 나다 / 운동을 좀 쉬다

⑦ 매우 힘드셨다 / 침대에 좀 눕다　　⑧ 다리가 부었다 / 병원에 가 보다

例 열이 있군요.

　　약을 먹는 게 좋겠어요.

10-5 音声を聞いて対話文を完成させ，ペアで会話の練習をしましょう。

수빈

병원에 갔다 왔어요? 독감인가요?

다행히 독감은 아니래요. 근데 몸이 무겁고
잠을 자긴 했는데 (①　　　　　　　　　　).

마이

수빈

땀도 나요? 약 때문인가?

땀은 안 나요. (②　　　　　　　　　　)
집에서 쉴까 싶어요.

마이

수빈

딸기 좀 보냈어요.
저녁때쯤 도착할 거예요.

10-6 音声を聞いて 10-5 と内容が合っていれば○を，合っていなければ×を付けましょう。

① (　　　　　)

② (　　　　　)

③ (　　　　　)

④ (　　　　　)

ぞんざいな言い方には解体と한다体があります。

▶ 解体 ◀

・待遇表現をぼやかす言い方，反말とも言う。
・話し言葉で目下の人や友だち，家族など親しい関係で用いられる。
・後輩が先輩に，子どもが親に使うことが許される。
　⇒ 知らない人や親しくない人には使えない。

● 解体の作り方

　「解体」は，해요体から요を取った形です。해요体と同様，文脈やインタネーションによって平常形（↘），疑問形（↗），勧誘形（→），命令形（↓）を使い分けます。ただし，指定詞は別に覚えなければなりません。

例 밥 먹다　　　→ 밥 먹**어**?
　　공부하다　　→ 공부**해**?
　　책이다　　　→ 책이**야**.
　　누나(이)다　→ 누나**야**.
　　이게 아니다 → 이게 아니**야**.

☞ 누나のように母音終わりの名詞の後では이다の이が省略されます。

　なお，−군요, −네요, −ㄹ/을까요?, −ㄹ/을게요, −ㄹ/을래요(?), −아/어도 돼요などから요を取ると解体になります。

▶ 한다体 ◀

・丁寧な気持ちがまったく含まれていない，ぞんざいな言い方。

・新聞や雑誌，論文などの書き言葉で使われる。

・話し言葉でも目下の人や友人に使われるが，子どもが親に使うことは許されない。

　⇒ 子供時代や学生時代に知り合った友人同士で用いられる。大人になってからの友人には使いにくい。

● 한다体の作り方

　한다体にも平叙形，疑問形，勧誘形，命令形の語尾がありますが、ここでは平叙形について学びます。
한다体の過去形は品詞を問わず，-았/었다です。하다用言は-했다です。

動詞	母音語幹＋ㄴ다 ㄹ語幹 (ㄹ脱落)＋ㄴ다 子音語幹＋는다
存在詞	語幹＋다
形容詞	語幹＋다
指定詞	語幹＋다

가다 → 먼저 **간다**.

놀다 → 여기서 **논다**.

먹다 → 케이크 먹**는다**.

없다 → 시간이 없**다**.

멀다 → 여기서 멀**다**.

이다 → 나는 학생이**다**.

なお，後置否定形の -지 않다の場合，動詞は -지 않는다，形容詞は -지 않다になります。

例　行かない　가지 않는다

　　遠くない　멀지 않다

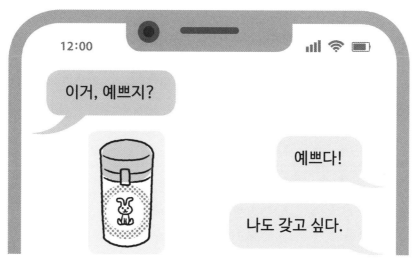

93頁 練習 の答え

1) ①　　2) ②　　3) ③　　4) ①　　5) ②

近い食堂でラーメンでも食べよう。

学習目標：食事について話し合う。「〜しない？」「〜しよう」「〜でなくてもいいよ」「〜よ，〜ちゃん」
「〜ではなく，〜にする」「〜してもよさそうだ」などの表現を使ってみる。

 まいは，キンパとトッポッキが気に入っているようです。

정우 ❶ 벌써 12시네. 오늘은 새로 생긴 중국집에 가지 않을래?

수빈 ❷ 거긴 맛은 있지만 사람이 많아서….

❸ 그러지 말고, 그냥 가까운 식당에서 라면이나 먹자.

정우 ❹ 마이 씨, 감기는 다 나았어요? 뭐 먹고 싶어요?

마이 ❺ 네. 전 김밥하고 떡볶이. 저번에 야채김밥하고 떡볶이에 들어

있는 달걀이 맛있었거든요. 맵지도 않고요.

정우 ❻ 김밥이라고 하면 저번에 간 그 식당에 갈까?

수빈 ❼ 좋아. 난 라면이 아니라도 돼. 배고프다. 일단 가자.

❽ 근데 마이 씬 그 집에 자주 가요?

마이 ❾ 사장님도 친절하시고 맛도 좋아서 자주 가는 편이에요.

単語と表現

□ 벌써　もう, すでに	□ 달걀　たまご
□ 새로　新たに	□ 맵다〈ㅂ〉　辛い
□ 생기다　生じる, できる	□ -(이)라고 하면　〜と言えば
□ 그냥　そのまま, ただ	□ 저번(=지난번)　この前, 前回
□ 낫다〈ㅅ〉（病気が）治る	□ 배고프다〈으〉　お腹が空く, 空腹だ
□ 김밥[-빱]　海苔巻き ▶김	□ 일단[-딴]　一旦, ひとまず
□ 떡볶이[-뽀끼]　トッポッキ	□ 자주　しょっちゅう, しばしば
□ 야채　野菜	□ 사장(님)　社長
□ -아/어 있다　〜している（⇒51頁）	□ 친절하다　親切だ

聞き取り力 check!

1) 수빈이가 중국집에 가고 싶지 않은 이유는 무엇인가요?

2) 마이는 뭘 먹고 싶다고 했나요?

3) 세 사람은 어느 식당에 가기로 했나요?

4) 마이가 그 식당에 자주 가는 이유는 무었인가요?

▷ -다고 하다 ～と言う (⇒101頁)

言ってみよう　表現を入れ替えて言ってみましょう。

1　중국집에 가**지 않을래?**

햄버거로 하다

갈비탕을 먹다

김을 주문하다

☞ -지 않을래? で「～しない?」。안 -ㄹ/을래? も同じ意味です。-지 않을래요=안 -ㄹ/을래요 (～しませんか) や-지 않으실래요? (～なさいませんか) も合わせて覚えておきましょう。なお, -ㄹ/을래(요)については ⇒31頁。

2　그냥 라면이나 먹**자**.

과자나 사 가다

국이나 끓이다

갈비나 굽다

☞ -자で「～しよう」。「～しましょう」については⇒75頁。

3　나는 라면**이 아니라도 돼**.

두부찌개

야채김밥

한국 김

☞ 名詞+가/이 아니라도 돼で「～でなくてもいいよ」。-(이)라도 돼 (～でもいい) も合わせて覚えておきましょう。-(이)라도は助詞です。　例 라면이라도 돼. ラーメンでもいいよ。

정우 ❶ 맛있는 냄새가 나네. 된장찌개 먹을까? 수빈아, 넌 뭐 먹을래?

수빈 ❷ 난 순두부찌개! 그리고 떡볶이도 시켜 줘.

정우 ❸ 그럼, 된장찌개 하나, 순두부찌개 하나, 떡볶이 2인분, 야채김밥 하나, 이렇게 시키면 될까?

마이 ❹ 전 야채김밥말고 불고기깁밥으로 할게요.

　　❺ 떡볶이는 1인분만 시켜서 같이 먹어도 될 것 같아요.

　　❻ 여기 양이 좀 많은 편이거든요.

정우 ❼ 그럴까. 수빈아, 떡볶이 2인분이면 너무 배불러.

수빈 ❽ 알았어. 여기 반찬 리필 되나?

정우 ❾ 리필 가능해. 내가 주문하고 물하고 물수건도 가져올게.

마이 ❿ 여기 반찬이 짜지도 않고 싱겁지도 않고 매우 맛있어요.

単語と表現　　61

□ 냄새가 나다　においがする
□ 된장찌개　味噌なべ
□ 순두부찌개　スンドゥブチゲ
□ -인분〔人分〕　〜人前
□ 이렇게〔-러케〕　このように
□ 시키다　注文する, させる
□ 말고〔助詞〕　〜ではなく
□ 양　量, 分量
□ 배부르다〈르〉　お腹がいっぱいだ, 満腹だ

□ 반찬　おかず
□ 리필〔refill〕　お替り
□ 가능하다　可能だ
□ 주문(하)　注文
□ 물수건〔-쑤건〕　おしぼり
□ 가져오다　持ってくる
□ 짜다　塩辛い
□ 싱겁다〈ㅂ〉　(味が) 薄い
□ 매우　非常に, とても

広がる表現力！　食事

진지 잡수십시오/잡수세요　お食事召し上がってください
많이 드세요.　どうぞ召し上がってください
잘 먹겠습니다/먹겠어요　いただきます　　잘 먹었습니다/먹었어요　ごちそうさまでした

聞き取り力 *check!*

1) 수빈이는 뭘 먹기로 했나요?

2) 마이는 야채김밥말고 무슨 김밥을 주문했나요?

3) 떡볶이는 몇 인분 시켰나요?
　　　　[며딘분]

4) 이 식당에서는 반찬을 리필해 주나요?

言ってみよう　表現を入れ替えて言ってみましょう。

4　수빈**아**, 밥 먹자.
　　경숙(　), 같이 놀자.
　　경자(　), 나중에 전화할게.

> パッチム 有 ＋ 아
> パッチム 無 ＋ 야

☞ -야/아 (〜よ, 〜ちゃん) は，下の名前に付けて，呼びかけるときに用いる助詞。目下や友達に用います。
　姓やフルネームには付けられないので注意しましょう。　강수빈아 (×)　수빈아 (○)

5　야채김밥**말고** 불고기김밥**으로 할게요**.
　아이스커피　　따뜻한 커피
　김치찌개　　　된장찌개
　　떡국　　　　떡볶이

☞ -말고는「〜ではなく」という助詞。-(으)로 하다で「〜にする」。

6　세 명이서 같이 먹**어도 될 것 같아요**.
　숟가락으로 먹다
　젓가락을 안 쓰다
　술은 주문 안 하다

☞ -아/어도 될 것 같다で「〜してもよさそうだ」「〜してもいけそうだ」。하다用言は해도 될 것 같다です。
　なお, 안 -아/어도 될 것 같다は「〜しなくてもよさそうだ」→「〜しなくてもいいと思う」という表現です。

11-1 −지 않을래?と−(으)니까 −자を用いて，A:「〜しない?」，B:「いいよ。〜だから〜しよう」という会話の練習をしましょう。

① 콘서트에 같이 가다 / 시간이 되다   ② 내일 테니스 치다 / 수업이 없다

③ 저녁에 한잔하다 / 돈이 생겼다   ④ 카페에서 좀 쉬다 / 피곤하다

⑤ 소금을 좀 넣다 / 국이 싱겁다   ⑥ 라디오를 듣다 / 잠이 안 오다

⑦ 창문도 닦다 / 벽도 닦아야 하다   ⑧ 가운데 자리에 앉다 / 사람이 없다

例 A : 콘서트에 같이 가지 않을래?

B : 좋아. 시간이 되니까 콘서트에 같이 가자.

11-2 次の質問に，−가/이 아니라도 돼 (〜でなくてもいいよ) で答えてみましょう。

例 A : 오늘은 갈비탕이 없는데요.

B : 갈비탕이 아니라도 돼.

① A : 이 근처에는 멋진 카페가 없는데요.

B :

② A : 오늘은 치즈케이크가 다 팔렸는데요.

B :

③ A : 전 검은색 양복이 없는데요.

B :

④ A : 숟가락은 없고 젓가락밖에 없는데요.

B :

11-3 −ㄹ/을까요?と말고 −(으)로 할게요を用いて，A:「〜をさしあげましょうか」，B:「〜ではなく〜にします」という会話の練習をしましょう。(何かを選択する場面です)

① 홍차 / 콜라   ② 토마토 / 오이   ③ 아이스커피 / 따뜻한 커피

④ 김밥 / 치킨   ⑤ 더운물 / 찬물   ⑥ 무김치 / 파김치

⑦ 떡 / 과자   ⑧ 고추장 / 된장   ⑨ 수건(=타월) / 손수건

⑩ 무 / 배추   ⑪ 접시 / 밥그릇   ⑫ 自由に

例 A : 홍차 드릴까요?

B : 홍차말고 콜라로 할게요.

11-4 안 −아/어도 될 것 같아 (〜しなくてもいいと思うよ) を用いて，自分の意見を言ってみましょう。

例 A : 맥주를 더 시킬까?

B : 맥주는 더 **안 시켜도 될 것 같아**.

① A : 지금 도장을 찍을까?

B :

② A : 내가 할머니 댁에 가 볼까?

B :

③ A : 예를 들어 설명할까?

B :

④ A : 양복을 입어야 될까?

B :

11-5 音声を聞いて対話文を完成させ，ペアで会話の練習をしましょう。 62

정우 : 수빈아. 오늘 마이 만나지?

수빈 : 아니, 모레 수요일. 왜? 무슨 일 있어?

정우 : 다음 주에 우리 대학 축제잖아. 너도 올 거지?

수빈 : 난 (①   ).
마이랑 겐타 씨는 가지 않을까?

정우 : 알았어. 마이한테 내가
(②   ).

11-6 音声を聞いて **11-5** と内容が合っていれば○を，合っていなければ×を付けましょう。 63

① (   )

② (   )

③ (   )

④ (   )

第12課

用事があって行けそうにありません。

学習目標：大学祭の催しについて話す。「〜られそうにない」「〜(する) ことができる/できない」「〜している ところだ」「お〜ください」「〜しなくちゃ」「〜しなければならなかったのに」の表現を使ってみる。

 大学祭の時, 정우のサークルでトッポッキとチジミを作って販売するそうです。

정우 ❶ 다음 주에 대학 축제가 있잖아요.

❷ 그때 학교에 오나요?

마이 ❸ 첫날은 볼일이 있어서 못 갈 것 같아요.

❹ 둘째 날에 겐타 씨가 가고 싶어 해서 같이 갈까 해요.

정우 ❺ 인기 그룹 가수도 오고 재미있는 행사도 많으니까 꼭 오세요.

❻ 둘째 날 공연 때, 친구들이랑 작은 콘서트도 열 예정이에요.

❼ 그리고 우리 동아리에서 떡볶이와 지짐이를 만들어서 팔게 됐어요.

마이 ❽ 정말? 기대되네요. 떡볶이를 만들 줄 알아요?

정우 ❾ 유튜브를 보고 재료를 사서 만드는 법을 연습하는 중이에요.

❿ 맛은 자신 있으니까 기대하셔도 돼요.

単語と表現

- □ 대학 축제〔祝祭〕 大学祭
- □ 첫날[천날] 初日
- □ 볼일[볼릴] 用事
- □ 둘째 날 二日目(の日)
- □ -고 싶어 하다 〜したがる
- □ 그룹 グループ
- □ 행사 行事, 催し
- □ 꼭 必ず, ぜひ
- □ 공연(하) 公演, コンサート
- □ 콘서트를 열다 コンサートを開く
- □ 예정이다 予定だ ▶예정되다
- □ 지짐이 チジミ
- □ 기대되다 期待される, 楽しみだ
- □ 재료 材料
- □ 만드는 법〔法〕 作り方
- □ 연습(하) 練習
- □ 자신 自信
- □ 기대(하) 期待, 楽しみにする

86

聞き取り力 *check!*

1) 대학 축제는 언제 있어요?

2) 마이는 대학 축제 첫날에는 왜 못 가나요?

3) 겐타는 언제 대학 축제에 가나요?

4) 대학 축제 때 정우의 동아리에서는 어떤 행사가 예정되어 있나요?

言ってみよう　表現を入れ替えて言ってみましょう。

1 일이 있어서 **못 갈** **것 같아요**.
　　　　　　　못 먹다
　　　　　　　못 보다
　　　　　　　못 자다

☞ 못 갈 것 같아요で「~行けそうにありません」。못 - ㄹ/을 것 같다は「~られそうにない，~できそうも ない」という表現です。못については⇒41頁。

2 떡볶이를 만들 **줄 알아요**?
　　　　운전을 하다
　　　　탁구를 치다
　　　　기타를 치다

☞ -ㄹ/을 줄 알다で「~(する)ことができる」「~(する)すべを知っている」。学習などで身につけた能力や 作法などに用います。なお「~(する)ことができない」「~(する)すべを知らない」は，-ㄹ/을 줄 모르다 で表現します。　例 만들 줄 몰라요.

3 만드는 법을 연습하**는 중이에요**.
　　　공연을 보고 가다
　　교수님이 말씀하시다
　　　　출석을 부르다

☞ -는 중이다で「~しているところだ/最中だ」。

정우 ❶ 아, 오셨군요. 자, 이쪽으로 앉으시죠.

마이 ❷ 떡볶이는 다 팔렸어요? 지짐이밖에 안 남았네.

정우 ❸ 네. 오전 중에 다 팔렸어요. 지짐이도 엄청 맛있어요.

마이 ❹ 그렇게 인기가 많았어요? 지짐이라도 먹어야겠다.

겐타 ❺ 그러니까 좀 일찍 왔어야 했는데. 한발 늦었네요.

정우 ❻ (チジミと水を持ってきて) 그럼 맛있게 드세요. 과자는 서비스예요.

마이 ❼ 콘서트는 몇 시부터예요? 정우 씨가 노랠 부르나요?

정우 ❽ 3시부터고요. 실은 저는 노래는 안 부르고 기타를 칩니다.

마이 ❾ 오, 기타도 칠 줄 알아요? 금시초문이네.

겐타 ❿ 기대할게요. 우린 강연을 듣고 오면 시간이 딱 맞겠네요.

単語と表現
67

□ 자　さあ, さて

□ 팔리다　売れる

□ -밖에 (助詞)　〜しか (ない)

□ 남다[-따]　残る, 余る

□ 중(에)　中 (に)

□ 엄청　ものすごく, とても

□ 그렇게[-러케]　そんなに

□ -(이)라도 (助詞)　〜でも

□ 그러니까　だから

□ 일찍　早く

□ 한발 늦다　一足遅い

□ 과자　菓子

□ 서비스　サービス

□ 실은　実は

□ 기타를 치다　ギターを弾く

□ 금시초문 〔今時初聞〕　初耳

□ 강연(하)　講演

□ 딱 맞다[땅맏따]　ぴったりだ ▶맞다

広がる表現力！　-겠-

-겠-は，語幹や -(으)시, -았/었の後について意志や控え目な気持ち，推量などを表す補助語幹です。

• 控え目な気持ち　：　알겠습니다 (了解しました)，부탁드리겠습니다 (お願いいたします)

• 意志の確認　　　：　앉으시겠어요? (お座りになりますか/座りませんか)⇒97頁

• 推量　　　　　　：　맛있겠다 (おいしそうだ)，비가 오겠네요 (雨が降りそうです)
　　　　　　　　　　힘들었겠어요 (つらかったでしょう)

聞き取り力 check! 🎧

1) 떡볶이는 언제 다 팔렸나요?

2) 마이와 겐타는 과자도 주문했나요?

3) 콘서트에서 정우는 노래를 부르나요?

4) 콘서트 전에 마이와 겐타는 어디에 가나요?

言ってみよう 表現を入れ替えて言ってみましょう。

4 여기, 이쪽으로 앉**으시죠**.

　여기서 같이 놀다

　　한 잔 따르다

　　자, 건배하다

☞ -(으)시죠는, 文脈によって「お〜ください」「〜しましょう」という命令や勧誘表現としてもよく使われ
　ます(⇒18頁)。ㄹ語幹はㄹが落ちて-시죠が付きます。　例 만드시죠.

5 그럼 지짐이라도 먹**어야겠다**.

　남은 맥주를 마시다

　　강연을 계속 듣다

앞으로는 늦지 말다

☞ -아/어야겠다で「〜しなくちゃ」。主に話し言葉で使われ、書き言葉では -아/어야 하겠다が用いれます。
　なお、-지 말아야겠다は「〜しないようにしなくちゃ」「〜してはいけない」という意味です。
　例 지각하지 말아야겠다.

6 우리가 좀 일찍 **왔어야 했는데**.

　내 잘못을 말하다

　　건강에 주의하다

　　　계속 노력하다

☞ -았/었어야 했는데で「〜すべきだったのに」。-았/었어야 했다 (〜すべきだった) に -는데 (〜のに) が付い
　た表現。

12-1 Aの質問に, 못 -ㄹ/을 것 같아요で答えてみましょう。

例 A : 이번 여행은 못 가시나요?

B : 네. 아마 (못 갈 것 같아요).

① A : 부장님, 고기를 구우면 더 드실래요?

B : 저는 배불러서 (   ).

② A : 매일 20킬로를 뛸 수 있어요?

B : 젊을 때는 뛰었는데 이제 (   ).

③ A : 안 주무세요?

B : 저는 번역 일 때문에 (   ).

④ A : 회장님을 믿을 수 있나요?

B : 약속을 안 지켰기 때문에 이제 (   ).

▷ -기 때문에 ~だから

12-2 -ㄹ/을 줄 알아요?と -ㄹ/을 줄 몰라요を用いて, A:「~られますか/~できますか」, B:「~は~られません/~できません」という会話の練習をしましょう。

① 운전하다	② 자전거를 타다	③ 한국 노래를 부르다
④ 찌개를 끓이다	⑤ 쌀을 씻다	⑥ 영어 회화를 하다
⑦ 테니스를 치다	⑧ 홈페이지를 만들다	⑨ 동물 그림을 그리다
⑩ 기타를 치다	⑪ 외국어를 하다	⑫ 自由に

例 A : 운전할 줄 알아요?

B : 운전은 할 줄 몰라요.

12-3 -아/어야겠다を用いて, 時間がある時に「~しなくちゃ」と思うことを言ってみましょう。

① 내 방을 청소하다	② 꼭 면허를 따다	③ 하루 종일 자다
④ 예문을 외우다	⑤ 소설을 끝까지 읽다	⑥ 자료를 찾다
⑦ 친구랑 게임을 하다	⑧ 맛있는 걸 먹으러 가다	⑨ 쓰레기를 버리다
⑩ 한국어 잡지를 보다	⑪ 할머니 댁을 찾아가다	⑫ 自由に

例 시간이 있을 때 〈 내 방을 청소해야겠다 〉.

12-4 −았/었야 했는데를 用いて対話文を完成させ，発音してみましょう。

例 A : 역시 사장님의 말을 (듣다 → 들었어야 했는데).
B : 그러니까 사장님의 말이 옳았던 것 같아요.

① A : 마지막에 저 선수가 공을 (치다 →   ).
B : 그러니까 그랬으면 이겼을 거예요.

② A : 6개월 전에는 계획을 (잡다 →   ).
B : 할 수 없죠. 비행기값이 비싸니까 다음에 가요.

③ A : 영어 회화도 좀 (공부하다 →   ).
B : 지금부터라도 늦지 않아요.

④ A : 작년에 시험에 (붙다 →   ).
B : 올해는 꼭 붙을 거예요.

12-5 音声を聞いて対話文を完成させ，ペアで会話の練習をしましょう。

68

겐타 : 콘서트, 벌써 시작했겠네요.

마이 : 강연이 예정보다 (①   ).
혹시 오늘 노래 부르는 사람 알아요?

겐타 : 유학생. (②   ).
전에 한 번 본 일이 있어요.   ▷ −ㄴ/은 일이 있다　〜したことがある

마이 : 오, 정말? 기대되네요.
수빈이는 여행 중이래요.

겐타 : 나한테도 문자 왔어요.

12-6 音声を聞いて **12-5** と内容が合っていれば○を，合っていなければ×を付けましょう。

69

① (   )
② (   )
③ (   )
④ (   )

 **もっと知りたい！** 発音のルール

1. パッチムによる音の変化 （網は音の変化を示す）

パッチム	初声	音の変化	例
ㄴㄹㅁㅇ*	ㅇ	連音化	눈이[누니]
	ㄱㄷㅂㅈ	有声音化	감자[カムジャ]
	ㅎ	ㅎの弱化と連音化	전화[전와→저놔]
ㄱㄷㅂ**	ㅇ	連音化と有声音化	책이[채기] 밥이[바비]
	ㄱㄷㅂㅅㅈ	濃音化	학교[학꾜] 있다[읻따] 역사[역싸]
	ㅎ	激音化	각하[가카] 밥하고[바파고]
	ㄴㅁ	鼻音化	국민[궁민] 몇 명[면명]
ㅎ	ㅇ	ㅎが落ちる	좋아[조아] 싫어[시러]
	ㄱㄷㅈ	激音化	좋고[조코] 놓다[노타] 놓자[노차]
	ㄴㅁ	鼻音化	놓는[논는]
	ㅅ	濃音化	좋습니다[졷씀니다]

*「ㅇ」パッチムは連音化せずにそのまま発音され，鼻濁音になります。 例 방이[방이] cf. 박이[바기]
** ㄱ [k] : ㄱ・ㅋ・ㄲ, ㄷ [t] : ㄷ・ㅅ・ㅈ・ㅆ・ㅌ・ㅊ・ㅎ, ㅂ [p] : ㅂ・ㅃ

2. ㄹの鼻音化とㄹによる流音化

　パッチムの後のㄹは，その前にㄹ・ㄴ以外のパッチムがあると，[ㄴ]と発音されます。また，[ㄴ]と発音されることにより，鼻音化が起こります。

パッチム	初声	パッチム	初声	例
ㄱ		[ㅇ]	[ㄴ]	독립[동닙]
ㄷㅌㅅㅊㅎ		[ㄴ]	[ㄴ]	몇 리[면니]
ㅂ		[ㅁ]	[ㄴ]	법률[범뉼]
ㅁ	ㄹ	ㅁ	[ㄴ]	음료수[음뇨수]
ㅇ		ㅇ	[ㄴ]	종류[종뉴]
ㄹ		ㄹ	ㄹ	올래[올래] 変化なし
ㄴ		[ㄹ]	ㄹ	진리[질리]*

* 流音化は「ㄴ＋ㄹ」だけではなく「ㄹ＋ㄴ」も「ㄹ＋ㄹ」に変化します。 설날[설랄]

3. 例外的な濃音化

・子音語幹（ㄴ/ㅁ）における濃音化

例 **감다** [감**따**]（目を）閉じる,（髪）を洗う　**신다** [신**따**]（くつを）履く

・合成語においての濃音化

例 **손+가락** [손**까**락] 手の指　　**물+고기** [물**꼬**기]（泳いでいる）魚

・漢字語においての特殊な濃音化

例 **한자** [漢字, 한**짜**]　　**출신** [出身, 출**씬**]

・未来連体形（ㄹ/을）に続く平音の濃音化

例 **갈 거예요** [갈**꺼**에요]　　**올 사람** [올**싸**람]

4. ㄴの挿入

パッチムで終わる単語に이/야/여/요/유がつづくと，「ㅇ」のところに「ㄴ」が挿入され，[니/냐/녀/뇨/뉴] と発音されます。（「ㄴ」の挿入による鼻音化・流音化に注意！）

・合成語や派生語

例 **집안일** 家事　（집안+일）[지반**닐**]
　십육 16（십+육）[십**뉵** → **심뉵**]

・二つの単語を一気に発音する時

例 **한국 영화** 韓国映画 [한국**녕**화 → 한**궁녕**화]
　못 읽어요 読めません [몯**닐**거요 → **몬닐**거요]

・終結語尾の「요」がつく時

例 **거든요** （거든+요）[거든**뇨**]（⇒13頁）
　정말요 （정말+요）[정말**뇨** → 정말**료**]

練習　正しい発音を選んでみましょう。（答えは⇒79頁）

1) 갈 사람　　（　　）　① 갈싸람　　② 가싸람　　③ 갑싸람

2) 중국 요리　（　　）　① 중구뇨리　② 중궁뇨리　③ 중군뇨리

3) 없거든요　（　　）　① 업거드뇨　② 업꺼드뇨　③ 업꺼든뇨

4) 따뜻해　　（　　）　① 따뜨태　　② 따뜨새　　③ 따뜬해

5) 능력　　　（　　）　① 늘력　　　② 능녁　　　③ 는녁

会話がうまくなるにはどうすればいいですか。

学習目標：韓国語学習について話す。「〜く/になる」「〜（する）には」「〜（する）しかない」
「〜していただけますか」「〜しながら」「〜したり」の表現を使ってみる。

 賢太は，会話のほうが難しいようです。

정우 ❶ 한국어를 공부해 보니까 어때요?

마이 ❷ 회화는 처음에 말이 빨라서 잘 안 들렸는데 이제 좀 익숙해졌어요.

❸ 근데 받아쓰기는 아직도 좀 어려워요.

정우 ❹ 한국어는 일본어와 달리 글자와 발음이 다른 경우가 많죠.

겐타 ❺ 전 말하기가 더 어려운 것 같아요.

❻ 마이 씨처럼 회화를 잘하려면 어떻게 하면 돼요?

마이 ❼ 제 경우에는 다른 사람이 말하는 걸 그대로 외우는 편이에요.

정우 ❽ 전 일본어 배울 때, 애니메이션을 보고 대화를 따라 하는 걸 좋아했는데 그게 도움이 됐어요.

겐타 ❾ 그렇군요. 역시 외우는 수밖에 없군요.

単語と表現

□ 회화　会話

□ 빠르다〈르〉　速い，早い

□ 들리다　聞こえる

□ 익숙하다[-쑤카-]　慣れている

□ 아직도[-또]　いまだに，今なお

□ 받아쓰기　書き取り

□ -과/와 달리　〜と違って

□ 글자[-짜]　字，文字

□ 다르다〈르〉　異なる，違う

□ 경우　場合

□ -처럼（助詞）　〜のように

□ 어떻게[-떠케]　どのように

□ 그대로　そのまま

□ 외우다　覚える

□ 애니메이션　アニメーション

□ 대화　対話

□ 따라 하다　ついて言う

□ 도움이 되다　役に立つ

聞き取り力 *check!* 👂

1) 마이는 한국어 회화를 공부할 때 처음에 어땠나요?

2) 겐타는 한국어 공부 중에 뭘 어렵게 생각하나요?

3) 마이는 회화를 공부할 때 어떻게 공부하나요?

4) 정우는 일본어를 공부할 때 어떻게 공부했나요?

▶言ってみよう   表現を入れ替えて言ってみましょう。

1 이제 좀 익숙**해졌어요**.
　　사이가 좋다
　　문법이 쉽다
　　날씨가 춥다

☞ -아/어지다는，形容詞に語幹について「〜く/になる」という変化を表す表現です。하다形容詞は -해지다になります。なお，「名詞＋になる」は -가/이 되다で表現します。
　📖 문제가 됐어요.

2 회화를 잘하**려면** 어떻게 하면 돼요?
　　강사가 되다
　　젊게 보이다
　　택시를 잡다

☞ -(으)려면は，-(으)려고 하면から -고 하- が省略された形で，「〜(する)には」「〜したければ」「〜しようと思うなら」という計画や意図，希望などを表す表現です。

3 　역시 외우**는 수밖에 없**군요.
　　　노력하다
　　문제를 풀다
　　돈을 모으다

☞ -는 수밖에 없다で「〜(する)しかない」。ㄹ語幹動詞はㄹが落ちて-는 수밖에 없다が付きます。
　📖 만드는 수밖에 없다.

95

마이 ❶ 저, 시간 되면 제 발표문 좀 봐 주시겠어요?

　　 ❷ 전 작문이 가장 어려운 것 같아요.

정우 ❸ 네. 봐 드릴게요. 제가 마음대로 고쳐도 되죠?

마이 ❹ 물론이죠. 표현이 부자연스러운 곳이 있으면 좀 고쳐 주세요.

정우 ❺ 알았어요. 이따가 점심 먹으면서 볼게요.

　　 ❻ 그리고 이거 저번에 말씀하신 잡지예요.

마이 ❼ 고마워요. 좀 확인할 게 있어서요.

정우 ❽ 필요한 논문은 찾았나요? 논문 제목이 뭐라고 했죠?

마이 ❾ 찾았어요. 이해가 안 가는 내용이 있는데 다음에 물어봐도 돼요?

정우 ❿ 네. 메일로 보내 주거나 전화 주세요.

単語と表現 73

□ 발표문〔発表文〕 レジュメ 　　□ 잡지[-찌] 雑誌

□ 작문[장-] 作文 　　　　　　□ 확인(하) 確認

□ 가장 最も, いちばん 　　　　□ 필요하다 必要だ

□ 마음대로 勝手に 　　　　　　□ 논문 論文

□ 고치다 直す, 修正する 　　　□ 제목〔題目〕 タイトル

□ 물론〔勿論〕 もちろん 　　　 □ 찾다 見つける, 探す, (お金を) 下ろす

□ 표현 表現 　　　　　　　　　□ 이해가 안 가다 理解できない

□ 부자연스럽다 不自然だ 　　　□ 내용 内容

□ 말씀하시다 おっしゃる 　　　□ 물어보다 聞いてみる ▶묻다

広がる表現力！ -기

-기は，用言の語幹につけて「名詞」に変化させる語尾です。받아쓰기 (書き取り←받아쓰다)，걷기 (ウォーキング←걷다)，듣기 (聞き取り←듣다) などの一般名詞のほか，-기 시작하다 (～し始める⇒24頁) -기 힘들다 (～しにくい⇒24頁) などの慣用表現もあります。

例 한국어는 말하기보다 듣기가 어렵다.

聞き取り力 check!

1) 마이는 한국어 공부 중에 무엇을 어렵게 생각하나요?

2) 정우는 마이의 발표문은 언제 보려고 하나요?

3) 마이는 필요한 논문을 찾았나요?

4) 마이는 정우에게 무엇에 대해 물어보려고 하나요?

▷ -에 대해 ～について

言ってみよう　表現を入れ替えて言ってみましょう。

4 제 발표문 좀 **봐 주시겠어요**?

　　시간 좀 내다
　　순서를 바꾸다
　　오른손을 들다

☞ -아/어 주시겠어요?は「～していただけますか」。-(으)시겠어요?は「～なさいますか」「～なさいませんか」と相手の意向を確認する時に用います。

5 이따가 점심 먹**으면서** 봐 드릴게요.

　　모양을 보다
　　차를 마시다
　　음악을 듣다

☞ -(으)면서は「～しながら」「～(する)と同時に」という同時動作や共存を表す表現です。動詞だけではなくすべての品詞に付きます。
　　例 이분은 의사이면서 소설가이기도 해요.

6 메일로 보내 주**거나** 전화 주세요.

　　팩스를 보내다
　　만나서 말하다
　　잠깐 기다리다

☞ -거나は「～したり」「～か、～とか」という並列や選択などを表す表現です。
　　-거나 -거나 하다は「～したり～したりする」という意味です。
　　例 연락을 주거나 받거나 했어요.

練習コーナー🖊

13-1 −았/었는데 −아/어졌어요を用いて,「〜だったが，〜く/になりました」と以前と比べて変わったことを言ってみましょう。

① 길이 좁다 / 1미터 정도 넓다   ② 문법이 어렵다 / 이제 좀 쉽다

③ 얼굴 어둡다 / 요즘 좀 밝다   ④ 일이 적다 / 올해 들어서 바쁘다

⑤ 사이가 좋다 / 싸워서 나쁘다   ⑥ 바람이 강하다 / 오후부터 약하다

⑦ 마음이 무겁다 / 이제 좀 괜찮다   ⑧ 날씨가 따뜻하다 / 갑자기 춥다

例 길이 좁았는데 1미터 정도 넓어졌어요.

13-2 Aの質問に, −거나 −는 것도 좋아요 (〜したり〜するのもいいです) で答えてみましょう。

例 A : 회화를 잘하려면 대화문을 외우는 수밖에 없나요? (드라마를 보다)
　 B : 대화문을 외우거나 드라마를 보는 것도 좋아요.

① A : 시험에 붙으려면 문제를 많이 푸는 수밖에 없나요? (문법책을 보다)
　 B :

② A : 사이 좋게 지내려면 자주 연락하는 수밖에 없나요? (함께 놀다)
　 B :

③ A : 같이 여행을 가려면 일정을 바꾸는 수밖에 없나요? (다음번에 같이 가다)
　 B :

④ A : 젊게 보이려면 머리를 짧게 깎는 수밖에 없나요? (안경을 쓰다)
　 B :

13-3 −아/어 주시겠어요? と −아/어 드릴게요를用いて, A :「〜していただけますか」, B :「はい, 〜して差し上げますよ」という会話の練習をしましょう。

① 미안하지만 제 말을 전하다   ② 일요일에 아이의 머리를 깎다

③ 저 가운데 그림을 좀 보이다   ④ 한 번만 제 부탁을 듣다

⑤ 죄송하지만 날짜를 바꾸다   ⑥ 이따가 연락처 좀 알리다

⑦ 두 의견의 차이를 설명하다   ⑧ 전화번호를 여기에 좀 적다

例 A : 미안하지만 제 말을 전해 주시겠어요?
　 B : 네. 전해 드릴게요.

13-4 −(으)면서 −았/었어요を用いて、「〜しながら/と同時に、〜しました/かったです」と言ってみましょう。

> ① 수업을 듣다 / 다른 생각을 하다　② 거울을 보다 / 이를 닦다
>
> ③ 목욕하다 / 오늘 일을 생각하다　④ 길을 걷다 / 예문을 외우다
>
> ⑤ 지도를 보다 / 여행 계획을 세우다　⑥ 그 식당이 맛있다 / 가격도 싸다
>
> ⑦ 힘이 없다 / 머리가 아프다　⑧ 힘이 나다 / 맛있는 게 먹고 싶어지다

例 수업을 들으면서 다른 생각을 했어요.

 13-5 수빈과 겐타의 会話を聞いて、内容に合うものを選んでみましょう。

① 수빈이는 일본어가 발음도 어렵고 (글자 / 한자)도 어려워서 잘 못해요.

② 겐타는 일본어가 한국인에게 배우기 (어려운 / 쉬운) 외국어래요.

③ 일본인에게 한국어는 (문법 / 표현)이 비슷해서 그리 어렵지 않아요.

④ 요즘에는 한국어를 잘하는 (일본인 / 외국인)이 너무 많아요.

▷ −기 쉽다 〜しやすい　−에게 〜にとって

13-6 次の質問に答えてみましょう。また韓国語でインタビューしてみましょう。

① 한국어 중급 회화를 공부해 보니까 어때요?

② 말하기와 듣기 중에 뭐가 더 어렵나요?

③ 실력이 많이 늘었나요?

④ 발음도 많이 좋아졌나요?

⑤ 한국 사람과 한국어로 말해 본 적이 있나요?

⑥ 내년에도 한국어 강의를 들을 거예요?

한국어로 말할 수
있게 됐어요.

週末は気温がさらに下がるそうです。

学習目標：天気予報を伝える。「〜だと言う/そうだ」「〜するのをやめる」「〜(する)かもしれない」
「〜しようと言う」「〜あるのではなく」の表現を使ってみる。

 まいは無事に発表を終えることができました。

정우 ❶ 날씨가 갑자기 추워졌네요. 발표는 잘 끝났어요?

마이 ❷ 네. 덕분에 잘 마쳤어요.

❸ 근데 마지막에 질문을 잘 못 알아들어서 대답을 못 했어요.

정우 ❹ 그랬군요. 주말에는 기온이 더 내려간다고 하네요.

마이 ❺ 오늘 낮 기온이 10도 이하래요.

❻ 아, 지난번에는 발표문을 고쳐 줘서 정말로 고마웠어요.

정우 ❼ 별말씀을요. 그런 말은 하지 말아 주세요.

마이 ❽ 오늘 점심은 제가 살게요. 추우니까 뜨거운 찌개는 어때요?

정우 ❾ 좋죠. 제가 특별히 비싼 걸 먹을지 몰라요.

❿ 아, 농담이에요. 찌개는 그리 비싼 음식이 아니니까.

単語と表現

□ 날씨　天気

□ 갑자기[-짜-]　急に, 突然

□ 덕분에[-뿌네]　おかげさまで

□ 마지막　最後, 終わり

□ 질문(하)　質問

□ 알아듣다〈ㄷ〉　聞き取る, 理解する

□ 대답(하)〔対答〕　返事, 答え

□ 그랬군요[-꾼뇨]　そうだったんですね

□ 기온　気温

□ 내려가다　降りる, 下がる

□ -도　度 (℃)

□ 이하(⇔이상)　以下 (⇔以上)

□ 별말씀을요[-료]　とんでもないです

□ 그런　そんな, あんな (＋名詞)

□ 뜨겁다〈ㅂ〉　熱い

□ 특별히[-뼈리]　特別に

□ 농담〔弄談〕　冗談

□ 그리(=그다지)　それほど, さほど

聞き取り力 *check!*

1) 마이는 발표 때 무슨 일이 있었나요?

2) 주말 날씨는 어때요?

3) 오늘 낮 기온은 몇 도래요?

4) 오늘 점심은 누가 사기로 했나요?

言ってみよう 表現を入れ替えて言ってみましょう。

1 기온이 더 내려간**다고 해요.** (伝聞・引用)

여러 꽃들이 피다

강한 바람이 불다

별처럼 아름답다

☞ -(ㄴ/는)다고 하다で「～だと言う」「～だそうだ」。過去形は品詞を問わず -았/었다고 하다です。ㄹ語幹動詞の場合は, ㄹが落ちて-ㄴ다が付きます。 例 만든다고 해요.

2 그런 말은 하**지 말아 주세요.**

도장을 찍다

술은 마시다

돈을 내다

☞ -지 말아 주다で「～しないでほしい」「～するのをやめる」。禁止の -지 말다（～しない）と -아/어 주다 (してくれる) が結合した表現。頼み事やお願いをする時に用います。

3 제가 특별히 비싼 걸 먹**을지 몰라요.**

슬퍼서 눈물이 나다

더운물이 안 나오다

그냥 물이 더 낫다

☞ -ㄹ/을지(도) 모르다で「～(する)かもしれない」。ㄹ語幹動詞の場合は, ㄹが落ちて-ㄹ지(도) 모르다が付きます。また, 「～したかもしれない」は -았/었을지도 모르다です。
例 만들지도 몰라요. 만들었을지도 몰라요.

마이 ❶ 오늘은 날씨가 흐리네.

수빈 ❷ 아침에 일기예보를 보니까, 낮 기온이 15도까지 올라간대.

마이 ❸ 그래서 얇은 코트를 입고 왔는데 저녁에는 좀 추울 것 같아.

수빈 ❹ 해가 지면 추우니까 아직까진 두꺼운 코트가 필요해.

　　 ❺ 다음 주부턴 다시 추워진대.

마이 ❻ 아, 겐타는 연말연시에 스키 타러 간대.

수빈 ❼ 나한테도 같이 가자고 했는데, 다른 약속이 있어서 못 간다고 했어.

　　 ❽ 여기서 이러고 있을 게 아니라 따뜻한 차라도 마실까?

마이 ❾ 바로 집에 가야 돼. 짐도 싸고 정리할 것도 있어 가지고.

수빈 ❿ 그래, 알았어. 감기 조심하고 또 연락할게.

単語と表現

- □ 흐리다　曇っている
- □ 일기예보〔日---〕　天気予報
- □ 올라가다　登る, 上がる
- □ 얇다[얄따]　薄い
- □ 코트　コート
- □ 해가 지다　日が暮れる
- □ 아직까지　まだ, いまだに
- □ 두껍다〈ㅂ〉　厚い
- □ 필요하다　必要だ

- □ 연말연시　年末年始
- □ 스키를 타다　スキーをする
- □ 이러다　こうする, こう言う
- □ 바로　まっすぐに, すぐ, まさに
- □ 짐　荷物　▶짐을 싸다 荷造りする
- □ 싸다②　包む, (お弁当を)つくる
- □ 정리[-니] (하)　整理
- □ -아/어 가지고　〜ので, 〜だから
- □ 조심(하)　気を付けること, 用心, 注意

広がる表現力！　-아/어 가지고

Q：-아/어 가지고は -아/어서と同じ意味ですか？

A：はい，同じ意味です。主に話し言葉で使われます。講演や発表などの公的な場面では使われません。

例  늦잠을 자 가지고 밥을 못 먹었어.

聞き取り力 *check!*

1) 오늘 날씨와 기온은 어때요?

2) 마이는 오늘 어떤 옷을 입고 왔나요?

3) 다음 주 날씨는 어때요?

4) 마이는 왜 바로 집에 가려고 하나요?

言ってみよう　表現を入れ替えて言ってみましょう。

4　기온이 15도까지 올라간**대**.
　　창밖으로 하늘이 보이다
　　아침 7시에 해가 뜨다
　　해가 질 때 아름답다

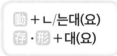

☞ -(ㄴ/는)대(요)는, -(ㄴ/는)다고 해(요)から -고 하- が縮約された形で「～だと言っている」「～だそうよ」
　という表現です。ㄹ語幹動詞の場合は, ㄹが落ちて-ㄴ대(요)がつきます。　例 밥을 만든대.
　なお,「～したそうよ」は品詞を問わず -았/었대(요)です。　例 밥을 만들었대.

5　나한테도 같이 가**자고** 했어.
　　공원에서 농구하다
　　하룻밤 자고 오다
　　젊을 때 많이 놀다

☞ -자고 하다で「～しようと言う」。-자고 하다는, -자だけではなく-ㅂ/읍시다や -(으)시죠, -아/어요などの
　勧誘文の伝聞・引用に用います。

6　여기서 이러고 있**을 게 아니라** 따뜻한 차라도 마실까?
　　　이야기만 하다
　　　휴대폰만 보다
　　　인사만 나누다

☞ -ㄹ/을 게 아니라で「～するのではなく」。未来連体形 -ㄹ/을を使うことに注意しましょう。

14-1 –(ㄴ/는)다고 해요もしくは –았/었다고 해요を用いて、「〜する/したそうです」という伝聞にしましょう。また縮約形の –(ㄴ/는)대요, –았/었대요に言い直しましょう。

> 例 "그러나 가끔 바다가 보고 싶어요."
>
> ➡ 그러나 가끔 바다가 보고 싶다고 해요. / 보고 싶대요.

① "그렇지만 옛날 일은 이제 기억이 안 나요."

➡

② "근데 꿈에 돌아가신 할머니가 나타나서 기뻤어요."

➡

③ "그때 느낌을 나타내기 위해 이 그림을 그렸어요."

➡

④ "지금 음악이 흐르는 곳에서 커피를 마시고 있어요."

➡

▷ –기 위해(서) 〜(する) ために

14-2 –지 말아 줘と–는 게 좋을지도 몰라を用いて、「〜は〜しないでほしい」「〜するほうがいいかもしれない」と言ってみましょう。

> ① 결정을 내리다 / 그냥 두다　　② 결혼식을 올리다 / 좀 더 생각해 보다
>
> ③ 새해에 연락하다 / 연락 안 하다　④ 문자를 보내다 / 직접 이야기하다
>
> ⑤ 엄마한테 말하다 / 나중에 얘기하다　⑥ 결과를 기대하다 / 기대하지 않다
>
> ⑦ 택시를 잡다 / 지하철을 타다　　⑧ 뒷자리를 잡다 / 앞자리를 잡다

> 例 결정은 내리지 말아 줘. 그냥 두는 게 좋을지도 몰라.

14-3 –자고 해요を用いて「〜が〜しようと言っています」と言ってみましょう。

> 例 (졸업생) "같이 갑시다." ➡ 졸업생이 같이 가자고 해요.

① (선배) "날씨도 흐리니까 술 한잔합시다."

➡

② (미국인 친구) "날씨가 좋으니까 놀러 가요."

➡

③ (농구 선수) "비가 오니까 탁구나 치자."

➡

④ (엄마) "아줌마도 같이 노래를 불러요."

➡

14-4 −ㄹ/을 게 아니라と −ㅂ/읍시다を用いて，「〜するのではなく〜しましょう」と言ってみましょう。

> ① 사전을 찾다 / 바로 검색해 보다　② 우표를 모으다 / 돈을 모으다
> ③ 가방을 그냥 버리다 / 싸게 팔다　④ 달력을 사다 / 우리가 만들어 보다
> ⑤ 가끔 만나다 / 자주 보다　⑥ 집에 있다 / 어디 놀러 가다
> ⑦ 걱정만 하다 / 어서 짐을 정리하다　⑧ 침대에 눕다 / 나갈 준비를 하다

例　사전을 찾을 게 아니라 바로 검색해 봅시다.

14-5 音声を聞いて対話文を完成させ，ペアで会話の練習をしましょう。　79

수빈：일본에 언제 가? 다음 주?

마이：응. (①　　　　　　　　　　　　).

수빈：그럼 (②　　　　　　　　　　　　)
저녁이나 같이 먹자. 겐타 씨도 같이.

마이：잠깐만. 일정 확인해 볼게.
난 토요일이면 괜찮아.

수빈：오케이. 내가 겐타 씨한테
물어보고 다시 연락할게.

14-6 音声を聞いて 14-5 と内容が合っていれば○を，合っていなければ×を付けましょう。　80

① (　　　)
② (　　　)
③ (　　　)
④ (　　　)

もっと知りたい！ 連語リスト (数字＝学習ページ)

韓国語	日本語	ページ	韓国語	日本語	ページ
감기가 낫다	かぜが治る	80	담배를 피우다	タバコを吸う	43
감기(에) 걸리다	かぜをひく	72	도시락을 싸다	お弁当をつくる	67
값을 깎다	値引きをする	63	도움이 되다	役に立つ	94
강아지를 기르다	子犬を飼う	34	도장을 찍다	ハンコを押す	85
건물을 세우다	建物を建てる	42	돈을 벌다	お金を稼ぐ	48
결혼식을 올리다	結婚式を挙げる	104	돈을 찾다	お金をおろす	48
결정을 내리다	決定を下す	63	돈이 들다	お金がかかる	41
계획을 세우다	計画を立てる	99	동물을 기르다	動物を育てる	48
고향을 떠나다	ふるさとを離れる	59	라면을 끓이다	ラーメンをつくる	69
공을 치다	ボールを打つ	91	마음에 들다	気に入る	54
교과서를 펴다	教科書を開く	28	마음이 무겁다	心が重い	98
국을 끓이다	スープをつくる	81	마음이 통하다	心が通じる	20
그림을 그리다	絵を描く	20	말을 걸다	声をかける	62
글을 짓다	文をつくる	42	말을 시키다	話をさせる	61
기억이 나다	思い出す	76	말이 안 되다	言葉にならない	71
기타를 치다	ギターをひく	87	머리를 감다	髪を洗う	63
기회가 되다	機会(チャンス)がある	38	머리를 깎다	髪を切る、カットする	63
길을 잃다	道に迷う	56	면접을 보다	面接を受ける	46
꽃을 기르다	花を育てる	48	면허를 따다	免許を取る	62
꽃이 피다	花が咲く	101	모양을 보다	様子を見る	97
꿈을 꾸다	夢をみる	19	모자를 쓰다	帽子をかぶる	56
나이가 어리다	年が若い	15	목이 붓다	のどが腫れる	74
날씨가 흐리다	天気が曇っている	102	몸이 안 좋다	体調がよくない	25
날이 춥다	寒い日だ、寒い	77	문자를 보내다	ショットメールを送る	61
날짜를 잡다	日にちを決める	59	문제가 생기다	問題が生じる	76
날짜를 정하다	日にちを決める	59	문제를 풀다	問題を解く	34
냄새가 나다	においがする	67	바람이 불다	風が吹く	101
노래를 부르다	歌う	18	방향을 잃다	方向を失う	76
눈을 감다	目を閉じる	76	배고프다	お腹が空く、空腹だ	80
눈을 뜨다	目を覚ます	73	배부르다	満腹だ	82
늦잠을 자다	朝寝坊をする	42	버스가 서다	バスがとまる	29
다리가 붓다	脚が腫れる、むくむ	76	보통이 아니다	ただ物ではない	71
담배를 끊다	タバコをやめる	42	불을 끄다	電気を消す	43

付録

文法索引

*	-(으)러	～しに（＋移動動詞）【目的】	31
*	-(으)려고	～しようと（思って）【意図】	11, 13
*	-(으)려고 하다/생각하다	～しようと思う	11
*	-(으)려고요(?)	～しようと思って、～しようと思ってます、 ～（する）つもりです（か）	31
**	-(으)려면	～（する）には、～したければ、～しようと思うなら	95
*	-(으)면	～すれば、～したら、～（する）と	25
*	-(으)면 되다	～すればいい	25
*	-(으)면 안 되다	～してはいけない	25
*	-(으)면 어때요?	～したらどうですか	59
*	-(으)면 좋겠다	～したらいいな	47
**	-(으)면서	～しながら、～と同時に	97
*	-(으)시지요/(으)시죠	お～ください、～しましょう	18, 89
*	-(으)십시다	～しましょう	75
*	-(이)고요	～です、～ます	39
*	-(이)라고	～だと	29
*	-(이)라고 하다	～と言う	10
*	-(이)라고 하면	～と言えば	80
*	-(이)라서	～なので	33
*	-(이)라서요	～だからです	39
**	-(이)래요	～だそうです	53
**	-자	～しよう【한다体の勧誘形】	81
**	-자고 하다	～しようと言う	103
**	-잖아요	～じゃないですか、～でしょ?	17
*	-지 마세요/말아요	～しないでください	61
*	-지 말고	～せず（に）、～しないで【禁止】	60
*	-지 말다	～しない【禁止】	61
*	-지 말아 주다	～しないでほしい、～するのをやめる	101
*	-지 말아야겠다	～しないようにしなくちゃ, ～してはいけない	89
*	-지 않으면 안 되다	～しなければならない	53
*	-지 않을까 하다	～ではないかと思う	47
*	-지 않을래?	～しない?	81
*	-지만	～けれど、～が（しかし）	13

単語集（韓日）

> ・日本語と同一の漢字語は＿を引き, 日本語と異なる漢字語は〔 〕に示した。韓国では旧漢字を使う。
> ・〈 〉は変則用言を示す。変則用言については⇒36頁。
> ・[ ]は発音を示す（連音化は除く）。発音のルールについては⇒92頁。
> ・하다動詞は(하)で示す。

ㄱ

가격	<u>価格</u>, 値段
가구	<u>家具</u>
가깝다[--따]〈ㅂ〉	近い
가끔	たまに, 時々
가능	<u>可能</u>
가능하다	<u>可能</u>だ
가수	<u>歌手</u>
가볍다[--따]〈ㅂ〉	軽い
가운데	真ん中
가장	最も, いちばん
가전제품	<u>家電製品</u>
가져가다	持っていく
가져오다	持ってくる
-가지	～種類
각자[-짜]	<u>各自</u>, 各々
간판	<u>看板</u>
간호사	<u>看護師</u>
갈비	カルビ
갈비탕	カルビスープ
감기	かぜ
감다[-따]①	(目を) 閉じる
감다[-따]②	(髪を) 洗う
감독	<u>監督</u>
갑자기[-짜-]	急に, 突然
값[갑]	値段, ～代
갔다 오다[갇따--]	行ってくる
강사	<u>講師</u>
강아지	子犬
강연(하)	<u>講演</u>
강의(하)	<u>講義</u>

강하다〔強--〕	強い
같다[갇따]	同じだ, ～のようだ
같이하다	共にする, 一緒にする, 同じくする
거리①	街, 通り
거리②	<u>距離</u>
거울	鏡
거의[-이]	ほとんど
걱정(하)[-쩡]	心配
건강(하)	<u>健康</u>, 元気
건너다	渡る
건너편	向かい側
건물	<u>建物</u>
건배(하)	<u>乾杯</u>
건축	<u>建築</u>
건축학[-추칵]	<u>建築学</u>
걷기[-끼]	ウォーキング
걷다[-따]〈ㄷ〉	歩く
걸다	(話・電話を) かける
걸리다	(時間が) かかる, (病気に) かかる
걸어가다	歩いていく
검사(하)	<u>検査</u>
검색(하)	<u>検索</u>
검은색〔-色〕	黒色
게임	ゲーム
겨우	やっと, かろうじて
결과	<u>結果</u>
결정(하)[-쩡]	<u>決定</u>
결혼식	<u>結婚式</u>
경우	場合

경제학	経済学	그래서	それで, だから
계단	階段	그램	グラム（g）
계산(하)	計算, 勘定, お会計	그러다〈어〉	そうする, そう言う
계속(하)[게-]〔継続〕	続けて, (時間が) ずっと	그러나	しかし
계획[게-]	計画	그러니까	だから
고르다〈르〉	選ぶ	그런	そんな, あんな（＋名詞）
고추장	コチュジャン, 唐辛子味噌	그럼(=그러면)	では, それなら
고춧가루[-춘까-]	粉唐辛子	그렇게[-러케]	そんなに
고치다	直す, 修正する	그렇지만[-러치-]	だが, しかしながら, でも
고향	故郷	그룹	グループ
곧장[-짱]	まっすぐ（に）	그릇[-른]	器, 食器
곳[곧]	所, 場所, 場	그리(=그다지)	それほど, さほど
공	ボール	그리다	描く
공연(하)	公演, コンサート	그림	絵
공원	公園	그만두다	辞める
공항	空港	그저께/그제	一昨日
-과/와 달리	～と違って	그쪽	そっち, そちら側
과자	菓子	극장[-짱]	劇場
과학	科学	근데(=그런데)	ところで, だけど
관광객	観光客	근처〔近処〕	近く, 近所
관련[괄-]	関連	글	文, 文章
관심	関心	글자[-짜]	字, 文字
교사	教師	금시초문〔今時初聞〕	初耳
교수(님)	教授	기대(하)	期待, 楽しみにする
-교시〔教時〕	～限目	기대되다	期待される, 楽しみだ
교원	教員	기르다〈르〉	育てる, 飼う
교육	教育	기말	期末
국어	国語	기쁘다〈으〉	嬉しい
국제문화[-쩨--]	国際文化	기억(하)	記憶
군대	軍隊	기온	気温
굽다[-따]〈ㅂ〉	焼く	기침	咳
굿즈[굳쯔]	グッズ	기타	ギター
귀걸이	イアリング	기회	機会, チャンス
귀국(하)	帰国	길이	長さ
귀찮다[-찬타]	面倒くさい	김	海苔（のり）
귤	ミカン	김밥[-빱]	海苔巻き
그날	その日	깎다[깍따]	削る, 刈る, 値引きする
그냥	そのまま, ただ	깨다	覚める, 覚ます
그대로	そのまま	-께 (助詞・敬語)	～に
그때	その時	-께서 (助詞・敬語)	～が

꼭	必ず, ぜひ	농담〔弄談〕	冗談
꽤	ずいぶん, かなり	높다[놉따]	高い
꾸다	(夢を) 見る	눈물	涙
꿈	夢	눕다[-따]〈ㅂ〉	横になる, 横たわる
끄다〈으〉	消す	느끼다	感じる
끊다[끈타]	切る, (タバコ・酒を) やめる	느낌	感じ
끓이다[끄리다]	沸かす, (チゲ・ラーメンなど	늘	常に, いつも
	を) つくる	늘다	伸びる, 増える, 上達する
끝내다[끈--]	終える	능력[-녁]	能力
		늦게[늗께]	遅く, 遅れて
	ㄴ	늦다[늗따]	遅い, 遅れる
나누다	分ける,	늦잠[늗짬]	朝寝坊
	(話・あいさつを) 交わす		
나오다	出る, 出てくる		ㄷ
나이	歳, 年齢	다녀오다	行ってくる
나중에	後で	다르다〈르〉	異なっている, 違う
나타나다	現れる	다른	他の, 別の (＋名詞)
나타내다	表わす	다리②	橋
날	日, ～日	다시	また, 再び
날씨	天気	다음날	翌日
날짜	日取り, 日付	다치다	けがをする
남기다	残す	다행히〔多幸-〕	幸いに
남다[-따]	残る, 余る	닦다[닥따]	磨く, 拭く
남성	男性, 男	단맛	甘味
남쪽〔南-〕	南側, 南の方	닫다[-따]	閉める, 閉じる
낫다[낟따]〈ㅅ〉①	(病気が) 治る	달걀	たまご
낫다[낟따]〈ㅅ〉②	ましだ, よい	달다	甘い
내려가다	降りる, 下る	달라지다	変わる, 変化する
내려오다	降りてくる, 下る	달력	カレンダー
내용	内容	달리다	走る, 走らせる
냄새	におい	담다[-따]	盛る, 入れる
냉장고	冷蔵庫	담배	タバコ
넓다[널따]	広い	답(하) 〔答〕	答え
넘다[-따]	超える, (時が) 過ぎる	당연히	当然, まさに
-년간	～年間	대답(하) 〔対答〕	返事, 答え
노래방	カラオケ (ルーム)	대학 축제[-쩨] 〔祝祭〕	大学祭
노력(하)	努力	대학원	大学院
논문	論文	대화	対話
놀라다	驚く	댁 〔宅〕	お宅
농구〔籠球〕	バスケットボール	댄스	ダンス

더욱	もっと, さらに, 一層	들어가다	入る, 入っていく, (家に) 帰る
더운물	湯, 温水	들어오다	入ってくる, (家に) 帰る
덕분에[-뿌네]	おかげさまで	등	背中
덥다[-따]〈ㅂ〉	暑い	디자인	デザイン
데	~所, ~場所, ~部分	따뜻하다[-뜨타-]	暖かい, 温かい
도	度 (℃)	따라 하다	ついて言う, ついてする
도시	都市	따르다〈으〉①	従う, ついて行く
도시락	弁当	따르다〈으〉②	つぐ, 注ぐ
도와주다	手伝う, 助けてくれる, 援助する, 助けてやる	딱	ちょうど, ぴったり
		딱 맞다[땅맏따]	ぴったりだ
도움	助け, 助力	딸기	イチゴ
도장	ハンコ	땀	汗
도중	途中	때	時, 時間, 時期
도착(하)	到着, 着く	때문(에)	~のため, ~のせい (で)
독감[-깜]	インフルエンザ	떠나다	離れる, 出発する
독서[-써]	読書	떡	餅
돌다	曲がる, 回る	떡국[-꾹]	餅入りスープ
돌려주다	返す	떡볶이[-뽀끼]	トッポッキ
돌아가다	帰る	떨어지다	落ちる
돌아오다	帰ってくる	뛰다	走る, 跳ねる
돕다[-따]〈ㅂ〉	手伝う, 助ける	뛰어가다	走っていく
동갑〔同甲〕	同い年	뜨다①	(目を) 開く
동물	動物	뜨다②	(日が) 昇る
동아리	(大学の) サークル	뜨겁다[-따]〈ㅂ〉	熱い
동쪽〔東-〕	東側, 東の方	뜻[-뜯]	意味, 意志
되다	なる, できる, よい		
된장	味噌	**ㄹ**	
두껍다[-따]〈ㅂ〉	厚い	라디오	ラジオ
두다	置く	라면	ラーメン
두부	豆腐	렌터카	レンタカー
둘째 날	二日目 (の日)	리포트	レポート
뒤쪽	後ろ側, 裏側	리필〔refill〕	お替り
드리다	差し上げる		
드시다	召し上がる	**ㅁ**	
듣다[-따]〈ㄷ〉	聞く, 聴く	마음대로	勝手に
-들	~達, ~ら	마지막	最後, 終わり
들다①	持つ, (手を) 上げる	마찬가지	同様
들다②	入る	마치다	終える, 終わる
들다③	(お金が) かかる	마흔	40, 40の
들리다	聞こえる	-만 (助詞)	~さえ, だけ, ばかり

만드는 법〔法〕	作り方	무리(하)	無理
만화	漫画	무척	非常に, とても
말(⇔초)	末(⇔初め)	문법[-뻡]	文法
-말고 (助詞)	～ではなく	문자[-짜]	文字, 携帯メール
말씀	お言葉 (말の敬語)	문화	文化
말씀드리다	申し上げる, お話しする	문학	文学
말씀하시다	おっしゃる	묻다[-따]〈ㄷ〉	尋ねる, 問う
말하기	話すこと, 会話 (회화)	물건〔物件〕	物, 品物
맛집 투어[맏찝--]	食べ歩き	물론〔勿論〕	もちろん
맛집[맏찝]	美味しい店	물수건[-쑤-]	おしぼり
맞다[맏따]	合う, 正しい	물어보다	聞いてみる
맞은편	向かい側	뭘요[-료]	いえいえ
맞추다[맏--]	合わせる, 当てる	미국〔美国〕	アメリカ, 米国
매년	毎年	미리	あらかじめ, 前もって
매달(=매월)	毎月	미술	実術
매우	非常に, とても	미술관	美術館
맥주[-쭈]〔麦酒〕	ビール	-미터	～メートル(m)
맵다[-따]〈ㅂ〉	辛い	믿다[-따]	信じる
먼저	先に, まず		
멋있다[머싣따]	格好いい, 素敵だ		
멋지다[먿찌-]	素敵だ	**ㅂ**	
멘토 (mentor)	メンター, 相談役	바꾸다	換える, 変える, 両替する
며칠	何日, 数日	바람	風
면접	面接	바로	すぐ(に), 直ちに, まさに
몇 월[며뤌]	何月	-박	～泊
모든	すべての (＋名詞)	-밖에 (助詞)	～しか(ない)
모양	形, 様子, 格好	반년	半年
모으다〈으〉	集める, 貯める	반드시	必ず, きっと
모이다	集まる, 貯まる	반찬	おかず
모임	集まり, 集会	받아쓰기	書き取り
모자	帽子	발견(하)	発見
모자라다	足りない, 不足する	발음(하)	発音
목	のど, 首	발표(하)	発表
목걸이[-꺼리]	ネックレス	발표문〔発表文〕	レジュメ
목소리[-쏘-]	声	밝다[박따]	明るい
목욕(하)〔沐浴〕	入浴, 風呂	밤늦게[-늗께]	夜遅く
목적	目的	밥그릇[-끄른]	茶碗
목적지[-쩍찌]	目的地	방금	今, 今し方
무	大根	방법	方法
무겁다[--따]〈ㅂ〉	重い, だるい	방학〔放学〕	(学校の) 長期休み
		방향	方向

배	舟, 船	붙이다[부치-]	付ける, 貼る
배고프다〈으〉	お腹が空く, 空腹だ	비누	石けん
배구〔排球〕	バレーボール	비다	空いている, 空く
배부르다〈ㄹ〉	お腹がいっぱいだ, 満腹だ	비슷하다[-스타-]	似ている
배우	俳優	빈방〔-房〕	空き部屋
배추	白菜	빌리다	借りる
백화점[배콰점]	百貨店, デパート	빠르다〈르〉	速い, 早い
버리다	捨てる	빨래(하)	洗濯(物)
번역(하)	翻訳	빨래방〔--房〕	コインランドリー
번역가[--까]	翻訳家	빨리	速く, 早く
번호	番号		
-벌	～(衣服)着		**人**
벌다	稼ぐ	사다②	おごる
벌써	もう, すでに	사실	事実, 実は(実은)
벽	壁	사이	間, 仲
별	星	사장(님)	社長
별말씀을요	とんでもないです	사전	辞書, 辞典
별로〔別-〕	さほど, 別に	사회	社会
보내다①	送る	사회학	社会学
보내다②	(時間を)過ごす	새	新しい, 新(＋名詞)
보이다	①見える ②見せる	새로	新たに
보조 업무[엄-]	補助業務	새벽	夜明け, 開け方
보통	普通, 普段	새해	新年
볼일[-릴]	用事	색깔/색〔色-〕	色
뵙다[-따]	お目にかかる	-생〔生〕	～生まれ
부럽다[--따]〈ㅂ〉	うらやましい	생각나다	思い出す
부르다〈르〉①	歌う, 呼ぶ	생기다	生じる, できる
부르다〈르〉②	(お腹が)いっぱいだ	생활(하)	生活
부모(님)〔父母〕	両親, 親	서다	立つ, とまる
부부	夫婦	서로	互い, 互いに
부엌[-억]	台所	서른	30, 30の
부자연스럽다[-----따]	不自然だ	서비스	サービス
부장(님)	部長	서쪽〔西-〕	西側, 西の方
부전공	副専攻	선글라스	サングラス
북쪽〔北-〕	北側, 北の方	선물	プレゼント
불	火, 明かり, 電気	선배(⇔후배)	先輩(⇔後輩)
불다	吹く	설레다	ときめく, わくわくする
불편하다	①不便だ ②体調が悪い	설명(하)	説明
붓다[붇따]〈ㅅ〉	腫れる, むくむ	섬	島
붙다[붇따]	付く, 合格する	성함〔姓銜〕	お名前

세다	数える	싸다②	包む, (弁当を) つくる
세수(하)	洗顔	싸우다	けんかする, 戦う
세우다	立てる, 停める	쓰기	書くこと, 作文(작문)
세일	セール	쓰레기	ゴミ
세탁기[--끼]	洗濯機	씻다[씯따]	洗う
센터	センター		
센티(미터)	センチ (メートル) (㎝)		ㅇ
셋째 주[쭈]	第3週	-아/야 (助詞)	～よ, ～ちゃん
소개(하)	紹介	아까	さっき
소설	小説	아니	いや, いいえ
소설가	小説家	아르바이트(=알바)	アルバイト
손가락[-까락]	(手の) 指	아름답다[---따]〈ㅂ〉	美しい
손빨래	手洗い	아마	おそらく, 多分
손수건[-쑤-]	ハンカチ	아무	何の, いかなる (＋名詞)
쇼핑	ショッピング	아무것[--걷]	何 (もない)
수	数	아무나	誰でも
수건	タオル (타월), 手ぬぐい	아무도	誰も
수고(하)	苦労	아무래도	どうも, どうやら
수학	数学	아버님	お父さま
순두부	スンドゥブ	아빠	パパ, お父ちゃん
순서	順序	아이스커피	アイスコーヒー
숟가락[-까-]	さじ, スプーン	아줌마	おばさん, おばちゃん
쉬다	休む	아직	まだ, いまだに
쉰	50, 50の	아직까지	まだ, いまだに, 今まで
슈퍼(마켓)	スーパー	아직도[--또]	いまだに, 今なお
스물/스무	20, 20の	아흔	90, 90の
스키	スキー	안전	安全
스타	スター	알리다	知らせる, 教える
슬프다	哀しい	알바(=아르바이트)	アルバイト
시내	市内	알아듣다[---따]〈ㄷ〉	聞き取る, 理解する
시작되다[--뙤-]	始まる	알아보다	調べる
시켜 먹다[-따]	出前を取る	앞으로	これから, 今後
시키다	注文する, させる	앞쪽	前の方
시합(하)	試合	애니메이션	アニメーション
신발/신	履き物, くつ	야채	野菜
신호등 〔--灯〕	信号	약①	薬
실력	実力	약②	約, およそ
실은	実は	약국[-꾹]	薬局
심하다 〔甚--〕	ひどい	약속(하)[-쏙]	約束
싱겁다[-따]〈ㅂ〉	(味が) 薄い	약하다[야카-]〔弱--〕	弱い

얇다[얄따]	薄い	연구회	研究会
양	量, 分量	연극	演劇
양복〔洋服〕	スーツ, 背広	연락(하)[열-]	連絡
어깨	肩	연락처[열-]〔--処〕	連絡先
어느 쪽	どちら	연말연시	年末年始
어둡다[--따]〈ㅂ〉	暗い	연세〔年歳〕	お年 (나이の敬語)
어떤	どんな, どのような (＋名詞)	연습(하)	練習
어떻게[-떠케]	どのように	열	熱
어떻다[-떠타]〈ㅎ〉	どのようだ, どうだ	열리다	開かれる, 開く
어렵다[--따]〈ㅂ〉	①難しい 厳しい ②貧しい	열심히[열씨미]	熱心に, 一生懸命
어른	大人, 目上の人	영국	イギリス, 英国
어리다	幼い, 年若い	영상	映像
어린이	子ども, 児童	영어 회화〔英語〕	英会話
어린이날	こどもの日	영향	影響
어머님	お母さま	예	例
어서	早く, どうぞ, さあ	예매(하)〔予買〕	前売券を買う
어울리다	似合う	예문	例文
어저께/어제	一昨日	예쁘다〈으〉	きれいだ, かわいい
어젯밤[-젣빰]	昨夜	예순	60, 60の
어학연수[-항년-]	語学研修	예약(하)	予約
언제든지	いつでも	예정이다	予定だ
얻다[-따]	もらう, 得る	옛날[옌-]	昔
얼마 전	少し前	오래되다	久しい
얼마나	どれくらい, どんなに	오랜만(=오래간만)	久しぶり
엄마	ママ, お母ちゃん	오른손	右手
엄청	ものすごく, とても	오른쪽	右側
업무[엄-]	業務	오이	キュウリ
없이[업씨]	～なしに	올라가다	登る, 上がる
-에 대해	～について	올라오다	上がってくる
-에게 (助詞)	～にとって	올리다	上げる, アップする, (式を) 挙げる
에어컨	エアコン		
엘리베이터	エレベーター	올해	今年
여기저기	あちこち	옳다[올타]	正しい, もっともだ
여든	80, 80の	외국어	外国語
여러	いろいろな (＋名詞)	외국인	外国人
여러 가지	いろいろ	외우다	覚える
여러분	みなさん, 皆様	왼쪽	左, 左側
여성	女性, 女	요즘(=요새)	最近, 近頃
역사[-싸]	歴史	용돈[-똔]	小遣い
역시[-씨]	やはり, さすが	운동장	運動場

운동화	運動靴, スニーカー	이해(하)	理解
우선	まず, とりあえず	이후	以降, 以後
운전(하)	運転	익숙하다[-쑤카-]	慣れている
운전면허	運転免許	인기[-끼]	人気
원래[월-]	元々	-인분 〔人分〕	～人前
원룸[원눔]	ワンルーム	인사(하)	あいさつ
원피스	ワンピース	인생	人生
유명하다	有名だ	인터넷[-넫]	インターネット
유튜브	YouTube, ユーチューブ	일	仕事, こと, 用事
유학(하)	留学	일기예보〔日-〕	天気予報
유학생[--쌩]	留学生	일단[-딴]	一旦, ひとまず
유행이다	流行だ, はやる	일어서다	立ち上がる, 立つ
음료수[-뇨-]	飲料水, 飲み物	일정[-쩡]	日程
음반〔音盤〕	レコード, CD	일주일[-쭈-]〔一週日〕	一週間
음식	飲食, 食べ物	일찍	早く
의견	意見	일흔	70, 70の
의미(하)	意味, 意義	잃다[일타]	失う, なくす,（道に）迷う
이②	歯	잃어버리다	失う, なくしてしまう
이것저것[-걷쩌걷]	あれこれ	입구[-꾸]	入口
이기다	勝つ	입학식[이팍씩]	入学式
이날	この日	잊다[읻따]	忘れる
이달(=이번 달)	今月, この月	잊어버리다	忘れてしまう
이따가	のちほど, 後で		
이때	この時		ㅈ
이래 봬도	こう見えても	자	さあ, さて
이러다〈어〉	こうする, こう言う	자꾸	しきりに, 何度も
이런	こんな, このような（＋名詞）	자동차	自動車, 車
이렇게[-러케]	このように	자라다	育つ, 成長する
이르다〈르〉	（時間が）早い	자료	資料
이상	以上	자리	席, 座席, 場所
이상하다〔異常-〕	おかしい, 変だ	자막 없이[업씨]	字幕なしに
-(이)서 (助詞)	～(名)で	자신	自信
이용(하)	利用	자전거	自転車
이유	理由	자주	しょっちゅう, しばしば
이전	以前	자취(하)	自炊
이제	今, もうすぐ, もう	작문[장-]	作文
이제부터	これから	작품	作品
이쪽	こっち, こちら側	잘되다	うまくいく
이틀	二日(間)	잘못[-몯]	①過ち, 間違い, ミス
이하	以下		②間違って, ～し間違える

잠	眠り, 睡眠	좁다[-따]	狭い
잠깐(만)/잠시(만)	しばらく	좋아지다	よくなる
잡다[-따]	つかむ, 握る, 取る, 捕まえる	주무시다	お休みになる
잡수시다[-쑤--]	召し上がる	주문(하)	注文
잡지[-찌]	雑誌	주소	住所, アドレス
잡화[자파]	雑貨	주의(하)	注意
재다	測る	주제	主題, テーマ
재료	材料	죽다[-따]	死ぬ
재미없다[--업따]	面白くない, つまらない	준비(하다)	準備
재미있다[--읻따]	面白い	중(에)	中 (に)
저/저기	あのう	중국 요리[-궁뇨-]	中国料理
저런	あんな, あのような (＋名詞)	중국집[--찝]	中国料理の店
저렇게[-러케]	あんなに, あのように	중급	中級
저번(=지난번)	この前, 前回	중요하다	重要だ
저쪽	あっち, あちら側	중학교[--꾜]	中学校
적다①	少ない	중학생[--쌩]	中学生
적다②	書き記す, 書く	증세 〔症勢〕	症状
적당하다[-땅--]	適当だ	지각(하)	遅刻
전	前, 以前 (이전)	지갑	財布
전공	専攻, 専門	지나다	過ぎる, 通る, (時が) 経つ
전하다 〔伝--〕	伝える	지난번(=저번)	前回
전혀	まったく, 全然, 少しも	지내다	過ごす, 暮らす
전화번호	電話番号	지다①	負ける
절대로[-때-]	絶対に	지다②	(日が) 暮れる
젊다[점따]	若い	지도	地図
점	①点　②〜点	지도(하)	指導
점심 〔点心〕	昼食	지방	地方
접시[-씨]	皿	지짐이	チジミ
젓가락[젇까-]	はし	지키다	守る
정도	程度, くらい, ほど	직장[-짱]	職場
정리(-ㄹ)(하)	整理	직접[-쩝]	直接, 自分で
정말(로)	本当に, 誠に, 実際	직업	職業
정하다 〔定--〕	定める, 決める	직원	職員
정해지다 〔定---〕	決まる	진짜(로)	本当 (に), 本物
제목 〔題目〕	タイトル	질문(하)	質問
조심(하)	気を付けること, 用心, 注意	짐	荷物
졸리다	眠い	짓다〈人〉	(家・服・文章などを) つくる,
졸업(하)	卒業		(ご飯を)たく, (名前を) つける
졸업생[--쌩]	卒業生	짜다	塩辛い, しょっぱい
졸업식[--씩]	卒業式	찌개	チゲ, なべ料理

찍다[-따]①	撮る
찍다[-따]②	(ハンコなごを) 押す

ㅊ	
차다①	冷たい
차다②	蹴る
차례	順序, 順番, 目次
차이	差異, 違い, ずれ
찬물	冷たい水, 冷や水
참	あ, そうだ (話題転換)
참(으로)	本当に, 誠に
참가(하)	参加
창문 〔窓門〕	窓
창밖[-박] 〔窓-〕	窓の外
찾다[찯따]	見つける, 探す, (お金を) 下ろす
찾아가다	訪ねていく, 訪問する
찾아보다	探してみる
찾아오다	訪ねてくる
책방[-빵]	本屋, 書店 (서점)
-처럼 (助詞)	～のように
처음	初めて, 最初
천천히[-처니]	ゆっくり(と)
첫날[천날]	初日
첫 번째	一番目, 1回目
청소(하)	掃除
체육	体育
체육관	体育館
-초(⇔말)	～初め (⇔末)
초급	初級
초등학교[---꾜] 〔初等--〕	小学校
초등학생[---쌩] 〔初等--〕	小学生
초록색[--쌕] 〔--色〕	緑色 (녹색)
초밥	寿司
최고	最高
추다	踊る
출구	出口
출발(하)	出発
출석[-썩]	出席
출신[-씬]	出身
춤	踊り

춥다[-따]〈ㅂ〉	寒い
충분하다	充分だ
-층 〔層〕	階
치다	打つ, 叩く, (ピアノ・キターを) 弾く
치킨	チキン
친절하다	親切だ
침대	ベッド, 寝台

ㅋ	
카드	カード
카메라	カメラ
카페	カフェ
케이크	ケーキ
켜다	(灯・電気製品を) 点ける
코너	コーナー
코트	コート
콘서트	コンサート
콜라	コーラ
콧물[콘-]	鼻水
크기	大きさ, サイズ (사이즈)
큰길	大通り
킬로/키로(그램)	キロ (グラム) (kg)
킬로/키로(미터)	キロ (メートル) (km)

ㅌ	
타월(=수건)	タオル
탁구[-꾸]	卓球
테니스	テニス
토마토	トマト
통역	通訳
통하다 〔通--〕	通じる
특별히[-뼈리]	特別に
틀리다	違う, 間違える
티켓(=표)	チケット, 切符
티켓값[-켇깝]	チケット代

ㅍ	
파	ネギ
파는 곳[-곧]	売り場

판매	販売	한잔하다	一杯飲む
팔리다	売れる	-한테/에게	〜に, 〜から
팩스	ファックス	할인	割引
팬미팅	ファンミーティング	함께(하)	共に, 一緒に
퍼센트	パーセント	해	太陽
펴다	広げる, (本を) 開く	해 먹다[-따]	作って食べる
편리하다[펄리--]	便利だ	해열제[--쩨]	解熱剤
편의점[펴니-]	コンビニ	해외	海外
편하다〔便--〕	楽だ, 便利だ	햄버거	ハンバーガー
평소〔平素〕	ふだん, 平常	행사	行事, イベント, 催し
포기(하)	諦める	행사장〔行事場〕	イベント会場
표현(하)	表現	현지	現地
푹	ゆっくり, ぐっすり	형제	兄弟
풀다	解く, ほどく	혹시[-씨]	もしかして, もしも
프린트	プリント	혼자(서)	1人（で）
피곤하다〔疲困--〕	疲れている	홈페이지	ホームページ
피다	咲く	홍차	紅茶
피아노	ピアノ	확인(하)	確認
피우다	(タバコを) 吸う	활기	活気
필요하다	必要だ	회원	会員
		회장	会長

ㅎ

하늘	天, 空	회의(하)[-이]	会議
하루	一日 (間)	회화	会話
하루 종일	一日中	후	後
하룻밤[-룬빰]	ひと晩	휴가	休暇, 休み
-학기[-끼]	〜学期	휴가철	休暇シーズン
학년[항-]	学年, 〜年生	휴일	休日
학생회관[-쌩--]	学生会館	흐르다	流れる
학원〔学院〕	塾, スクール	흐리다	曇っている
한두 번	1, 2回	흰색[힌-]〔-色〕	白色
한발	一歩	힘	力
한번	(試しに) 一度, 一回	힘내다	元気を出す
		힘들다	骨が折れる, 大変だ

著者紹介

金京子 (김경자：キム キョンジャ)

同志社大学講師。韓国・ソウル生まれ。

梨花女子大学大学院韓国学科修士課程修了 (韓国語教育専攻)。

著書：『絵で学ぶ韓国語文法 初級のおさらい、中級へのステップアップ [新版]』
『絵で学ぶ中級韓国語文法 [新版]』『絵で学ぶ上級への韓国語文法』(共著、白水社)、『韓国語似ている形容詞・副詞の使い分け』(共著、ベレ出版)、『昔話で学ぶ韓国語初級リーディング』(アルク)ほか多数。

話してみよう韓国語　中級会話コース

2024 年 2 月 1 日　印刷
2024 年 2 月 10 日　発行

著　者©金　　京　　子
発行者　岩　堀　雅　己
組版所　株式会社アイ・ビーンズ
印刷所　壮栄企画株式会社

発行所　101-0052 東京都千代田区神田小川町 3 の 24
　　　　電話 03-3291-7811 (営業部), 7821 (編集部)　　株式会社 白水社
　　　　www.hakusuisha.co.jp
　　　　乱丁・落丁本は、送料小社負担にてお取り替えいたします。

振替 00190-5-33228　　　Printed in Japan　　　株式会社島崎製本

ISBN　978-4-560-06990-5